ESSENTIAL ELEMENTS para banda

MÉTODO DE BANDA COMPRENSIVO

TIM LAUTZENHEISER • JOHN HIGGINS • CHARLES MENGHINI
PAUL LAVENDER • TOM C. RHODES • DON BIERSCHENK
Traducido al español por Sara Denlinger

Banda es...

Manifestando arte musical con una familia de amistades

Utilizando nuestra dedicación para crear éxito

Superarse a través de las alegría en trabajar unidos

Individuos expresándose en un idioma universal

Creatividad - expresándote en un idioma universal

Actualizando la unión de varias personas y culturas

Banda es...**MÚSICA!**

¡A Tocar la música!
Tim Lautzenheiser

HISTORIA DEL OBOE

Los orígenes del oboe se remontan a las chirimías de finales del siglo XIII. Esta familia de instrumentos de doble lengüeta fue destacado en la música de la Edad Media (500-1430).

El francés Jean Hotterre se le atribuye la invención del oboe en 1660. El nombre "oboe" es en realidad un mala pronunciación de hautbois, la palabra francesa original para un instrumento de chirimía de "madera alta". En el siglo XIX, los fabricantes de instrumentos crearon un sistema de digitación de oboe inspirado en la flauta diseñada por Boehm. Hoy, la mayoría de los los oboes se fabrican con el sistema Boehm.

La familia del oboe incluye el oboe en Do (el más común), el Oboe d'Amore en La y el Corno Inglés en Fa. En banda de concierto y orquesta, el oboe toca solos y se mezcla con otros instrumentos de viento madera. Es el más alto instrumento de lengüeta doble afinada.

C.P.E. Bach, Beethoven, Mahler, R. Strauss y Vaughan Williams son compositores importantes que han incluyó el oboe en su escritura. Los intérpretes de oboe famosos incluyen a Heinz Holliger, John DeLancie, Toyin Spellman, Katherine Needleman y Titus Underwood.

Para crear una cuenta, visite:
www.essentialelementsinteractive.com
Codigo de activacion de estudiante
E1OB-ES48-7642-8662

ISBN 979-835015925-7

LO BÁSICO

Postura

Siéntate en el borde de tu silla y mantén siempre tu:

- Columna vertebral recta y alta
- Hombros hacia atrás y relajado
- Pies apoyados en el suelo

Respiración y corriente de aire

Respirar es algo natural que todos hacemos constantemente. Para descubrir la corriente de aire correcta para tocar su instrumento:

- Coloca la palma de su mano cerca de su boca.
- Inhala profundamente por las comisuras de la boca, manteniendo los hombros firmes. Tu cintura debe expandirse como un globo.
- Susurra lentamente "tu" mientras exhalas gradualmente aire en la palma de tu mano.

El aire que sientes es la corriente de aire. Produce sonido a través del instrumento. La lengua es como un grifo o una válvula que libera la corriente de aire.

Produciendo El Tono Esencial

Tu embocadura es la posición de tu boca sobre la caña. Una buena embocadura requiere tiempo y esfuerzo, así que siga cuidadosamente estos pasos para tener éxito:

- Remoja solo las hojas de tu caña en un vaso de plástico pequeño (1-2 oz.) por 3-4 minutos.
- Abre la boca para que sus dientes estén ligeramente separados.
- Pasa el labio inferior sobre los dientes inferiores. Retira la caña del agua. Coloca suavemente la punta de la caña en el centro de tu labio inferior.
- Cubre sus dientes superiores con tu labio superior y cierra firmemente tus labios alrededor la caña. Tus labios sostienen la caña. Asegura que tus dientes no toquen la caña.
- Ajusta la posición de la caña para que la punta apenas toque tu lengua.

Cuidando tu instrumento

Antes de colocar su instrumento de vuelta en su estuche después de jugar, haz lo siguiente:

- Retire con cuidado la caña y sopla aire a través de él. Volver a caja de caña.
- Gire suavemente la parte superior y`secciones inferiores. Suelta un hisopo pesado a través del sección inferior y sácala por la campana. Devuelve la sección inferior y la campana del caso.
- Limpie la sección superior o Límpialo con una pluma de oboe y devuélvalo al estuche.

ENTRENAMIENTO CON CAÑA

Forma la embocadura alrededor de la boquilla y respira profundamente sin levantar los hombros. Susurra "tu" y exhala gradualmente toda tu corriente de aire. Esfuérzate por tener un tono uniforme.

Consulta el interior de la portada para obtener información sobre cómo acceder a los videos instructivos.

Reuniéndolo todo

Paso 1 Remoje su caña (consulte la página 2). Frote una pequeña cantidad de corcho. Engrase todos los corchos, si es necesario. Limpia tus manos.

Paso 2 Sostenga la sección superior cerca de la parte superior con la mano izquierda. Agarrar la sección inferior con la mano derecha, sosteniéndola cerca de la fondo. Gire suavemente las secciones superior e inferior juntas. La(s) clave(s) del puente de la sección superior debe estar directamente sobre el llave(s) del puente de la sección inferior.

Paso 3 Sostenga el instrumento cerca de la parte superior de la sección superior con tu mano izquierda. Agarra la campana con la mano derecha. Apretar en la clave de campana redonda, levantándola. Gira la campana sobre el corcho de la sección inferior. La clave del puente de campana debe estar directamente sobre el clave del puente inferior.

Paso 4 Ponga la caña en su boca (vea la página 2). Forma tu embocadura y soplar con fuerza a través de la caña para eliminar exceso de agua. Inserte con cuidado el corcho de la caña hasta el final en el pozo de caña en la sección superior.

Paso 5
Pon tu pulgar derecho debajo del apoyo para el pulgar. Coloca tu pulgar izquierdo justo debajo de

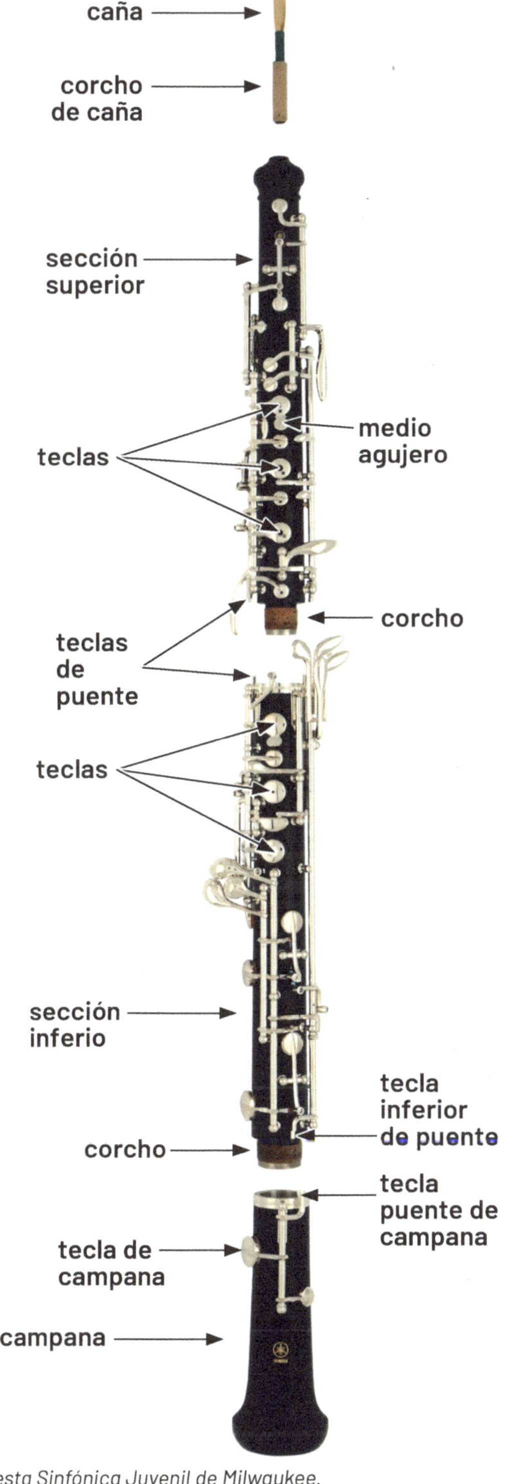

Estudiante que se muestra es miembro de la Orquesta Sinfónica Juvenil de Milwaukee.

LECTURA DE MÚSICA

Identifica y dibuja cada uno de estos símbolos:

Pentagrama

El Pentagrama de Música tiene 5 líneas y 4 espacios donde se escriben notas y silencios.

Lineas adicionales

Las líneas adicionales amplían el pentagrama musical. Las notas en las líneas adicionales pueden estar por encima o por debajo del pentagrama.

Compases y lineas divisoras

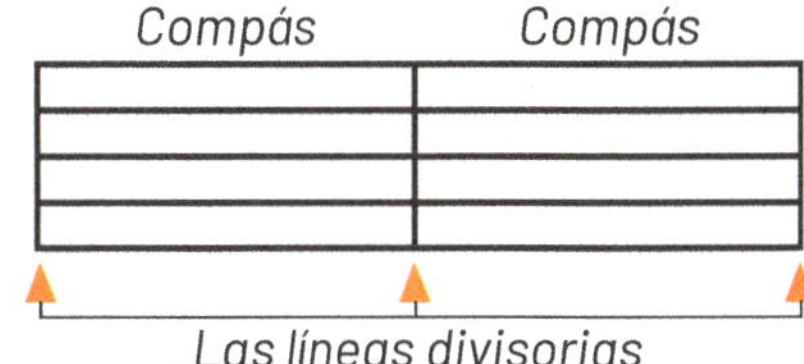

Las líneas divisorias dividen el pentagrama musical en compases.

Clarificación: La palabra compás también se refiere a la fracción numérica que aparece al principio de una canción para indicar cuantos pulsos se encuentran en un compás (el espacio entre las lineas divisoras), pero ese concepto será explicado con mas detalle después en este libro.

Tono largo

Para empezar, usaremos una nota especial de "Tono Largo". Mantén el tono hasta que tu profesor te diga que descanses. Practica tonos largos todos los días para desarrollar tu sonido.

1. La primera nota

Mantén cada tono largo hasta que tu profesor(a) te diga que descanses

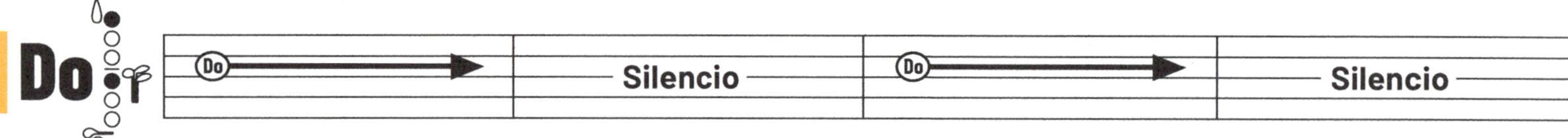

▲ *Para tocar Do (C) coloque sus manos sobre las teclas como indicado.*

El Ritmo

El **ritmo** es el pulso de la música y, como los latidos del corazón, debe permanecer muy constante. Contando en voz alta y dando golpecitos con los pies nos ayuda a mantener un ritmo constante. Golpea suavemente con el pie hacia **abajo** cada número y hacia **arriba** en cada "y."

Un pulso = 1 y
↓ ↑

Notas y Silencios

Las **notas** nos dicen cuales tonos tocan (alto o bajo) dependiendo en donde aparecen en el pentagrama musical, y también nos dice que duración darles dependiendo en su forma (negra, blanca redonda, etc.). Los **silencios** indican la duración de descanso.

𝅘𝅥 **Nota negra = 1 pulso de sonido**

𝄽 **Silencio de la negra = 1 pulso de silencio**

2. Cuenta y toca

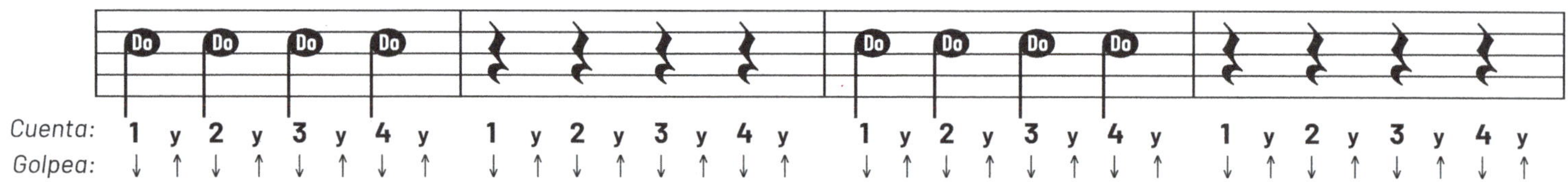

3. Una nota nueva

Busca el diagrama de las digitaciones debajo de cada nota. Esta nota es Si bemol (B♭).

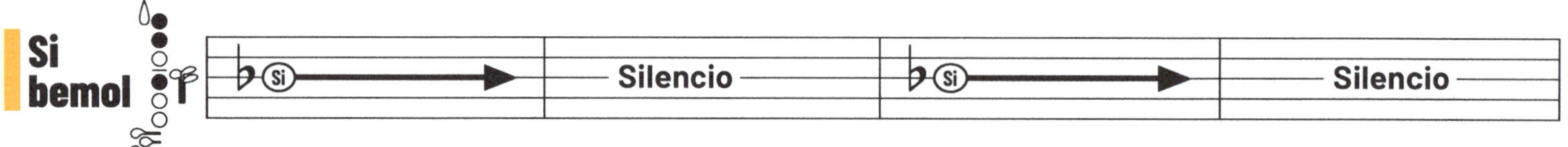

4. Dos son un equipo

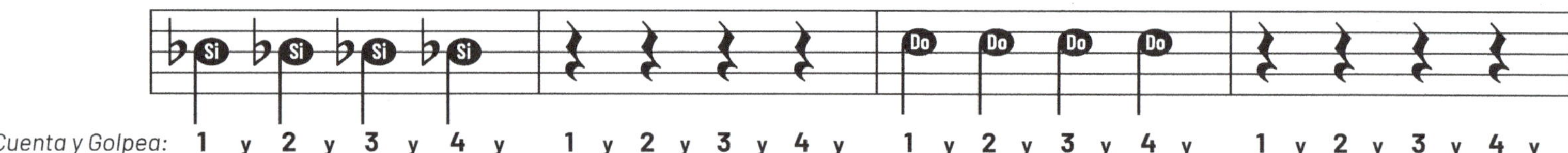

5. Hacia abajo

Practica tonos largos sobre cada nota nueva.

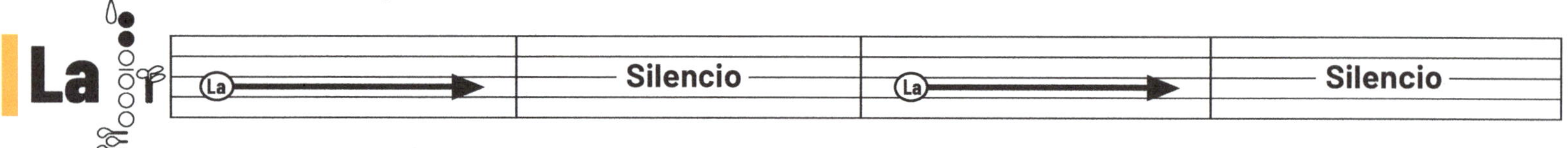

6. Avanzando hacia arriba

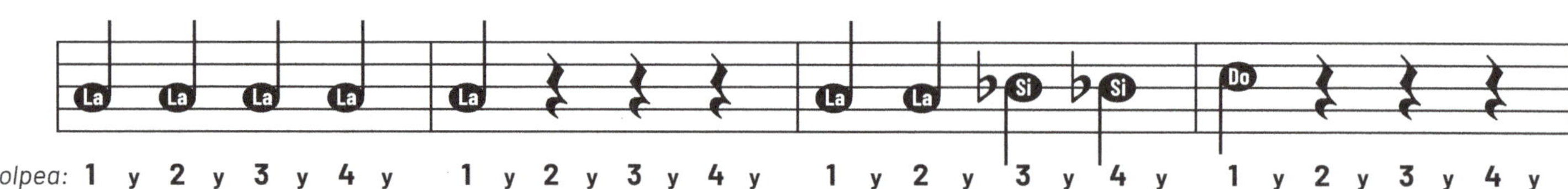

Tono largo

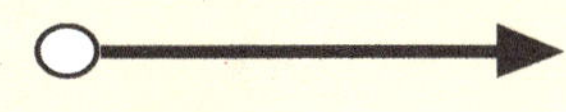

Para empezar, usaremos una nota especial de "Tono Largo". Mantén el tono hasta que tu profesor te diga que descanses. Practica tonos largos todos los días para desarrollar tu sonido.

1. La primera nota

Mantén cada tono largo hasta que tu profesor(a) te diga que descanses

Fa

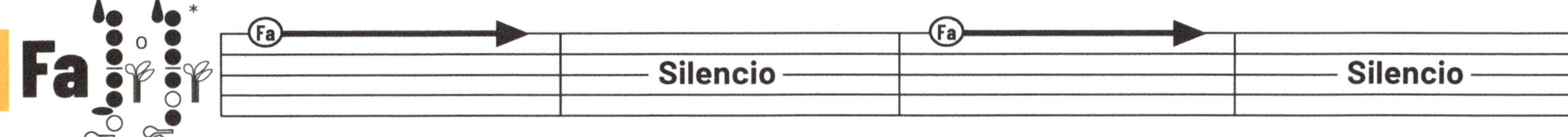

Digitación regular   Digitación Bifurcada

Para tocar Fa, posiciona tus dedos sobre las teclas como demostrado. Practica este ejercicio usando las dos digitaciones, "regular" y "bifurcada."

El Ritmo

El **ritmo** es el pulso de la música y, como los latidos del corazón, debe permanecer muy constante. Contando en voz alta y dando golpecitos con los pies nos ayuda a mantener un ritmo constante. Golpea suavemente con el pie hacia **abajo** cada número y hacia **arriba** en cada "y."

Un pulso = 1 y
↓ ↑

Notas y Silencios

Las **notas** nos dicen cuales tonos tocan (alto o bajo) dependiendo en donde aparecen en el pentagrama musical, y también nos dice que duración darles dependiendo en su forma (negra, blanca redonda, etc.). Los **silencios** indican la duración de descanso.

Nota negra = 1 pulso de sonido

Silencio de la negra = 1 pulso de silencio

2. Cuenta y toca

Practica este ejercicio tanto la digitación "normal" como la digitación "en horquilla" para el Fa.

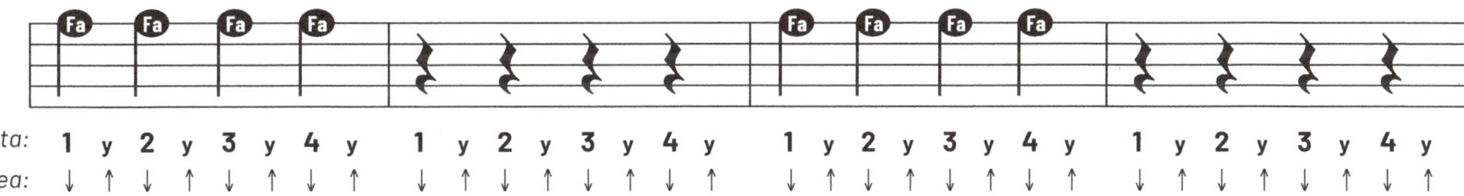

Cuenta: 1 y 2 y 3 y 4 y   1 y 2 y 3 y 4 y   1 y 2 y 3 y 4 y   1 y 2 y 3 y 4 y
Golpea: ↓ ↑ ↓ ↑ ↓ ↑ ↓ ↑   ↓ ↑ ↓ ↑ ↓ ↑ ↓ ↑   ↓ ↑ ↓ ↑ ↓ ↑ ↓ ↑   ↓ ↑ ↓ ↑ ↓ ↑ ↓ ↑

3. Una nota nueva

Busca el diagrama de las digitaciones debajo de cada nota. Esta nota es Mi bemol (E♭).

Mi bemol

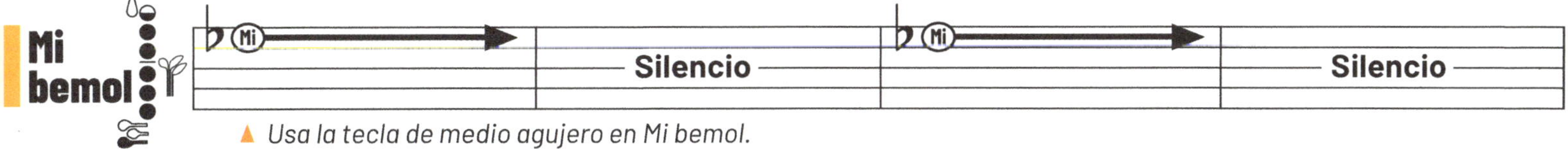

▲ *Usa la tecla de medio agujero en Mi bemol.*

4. Dos son un equipo

▼ *Usa la digitación bifurcada*

Cuenta y Golpea: 1 y 2 y 3 y 4 y   1 y 2 y 3 y 4 y   1 y 2 y 3 y 4 y   1 y 2 y 3 y 4 y

5. Hacia abajo

Practica tonos largos sobre cada nota nueva.

Re

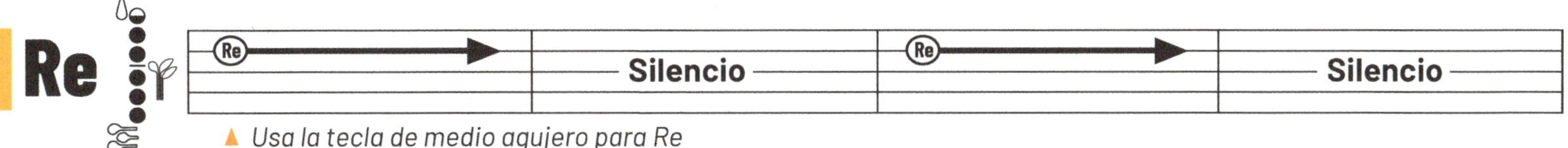

▲ *Usa la tecla de medio agujero para Re*

6. Avanzando hacia arriba

▼ *Usa la digitación "bifurcada"*

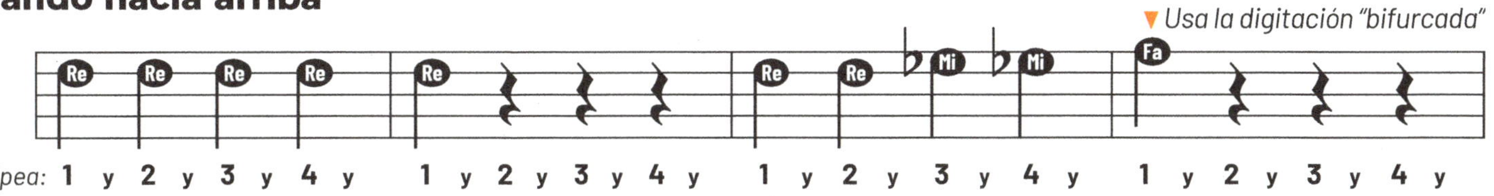

Cuenta y Golpea: 1 y 2 y 3 y 4 y   1 y 2 y 3 y 4 y   1 y 2 y 3 y 4 y   1 y 2 y 3 y 4 y

La digitación bifurcada hace más fácil tocar Fa cuando se mueve hacia o desde Mi bemol o Re.

* *Para obtener más información sobre esta digitación, consulta la tabla de digitación en la página 47*

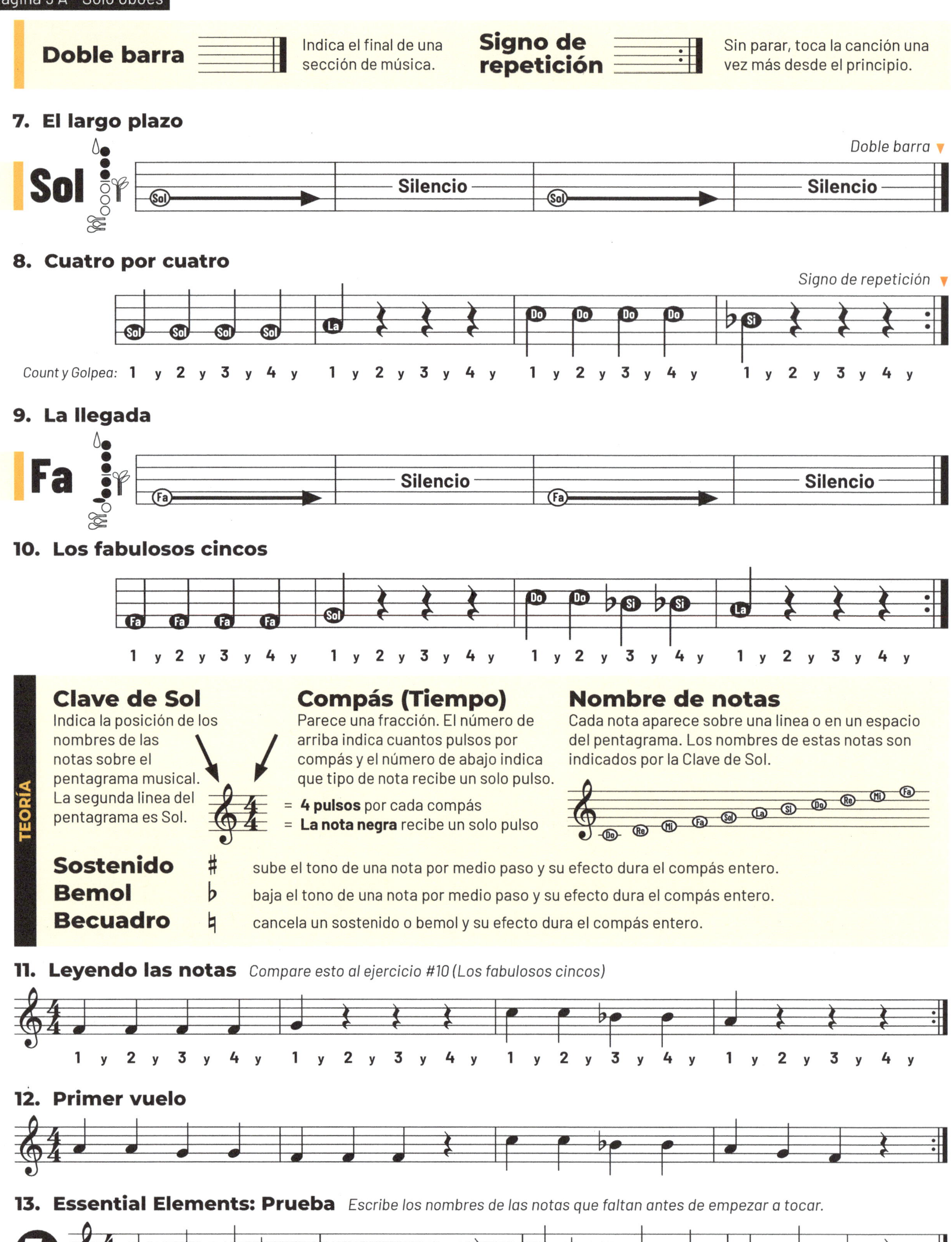
Doble barra
Indica el final de una sección de música.
Signo de repetición
Sin parar, toca la canción una vez más desde el principio.
7. El largo plazo
Doble barra
Sol
Sol
Silencio
Sol
Silencio
8. Cuatro por cuatro
Signo de repetición
Sol Sol Sol Sol
La
Do Do Do Do
Si
Count y Golpea: 1 y 2 y 3 y 4 y 1 y 2 y 3 y 4 y 1 y 2 y 3 y 4 y 1 y 2 y 3 y 4 y
9. La llegada
Fa
Fa
Silencio
Fa
Silencio
10. Los fabulosos cincos
Fa Fa Fa Fa
Sol
Do Do Si Si
La
1 y 2 y 3 y 4 y 1 y 2 y 3 y 4 y 1 y 2 y 3 y 4 y 1 y 2 y 3 y 4 y
TEORÍA
Clave de Sol
Indica la posición de los nombres de las notas sobre el pentagrama musical. La segunda linea del pentagrama es Sol.
Compás (Tiempo)
Parece una fracción. El número de arriba indica cuantos pulsos por compás y el número de abajo indica que tipo de nota recibe un solo pulso.
= 4 pulsos por cada compás
= La nota negra recibe un solo pulso
Nombre de notas
Cada nota aparece sobre una linea o en un espacio del pentagrama. Los nombres de estas notas son indicados por la Clave de Sol.
Do Re Mi Fa Sol La Si Do Re Mi Fa
Sostenido ♯ sube el tono de una nota por medio paso y su efecto dura el compás entero.
Bemol ♭ baja el tono de una nota por medio paso y su efecto dura el compás entero.
Becuadro ♮ cancela un sostenido o bemol y su efecto dura el compás entero.
11. Leyendo las notas Compare esto al ejercicio #10 (Los fabulosos cincos)
1 y 2 y 3 y 4 y 1 y 2 y 3 y 4 y 1 y 2 y 3 y 4 y 1 y 2 y 3 y 4 y
12. Primer vuelo
13. Essential Elements: Prueba Escribe los nombres de las notas que faltan antes de empezar a tocar.
Fa Sol La

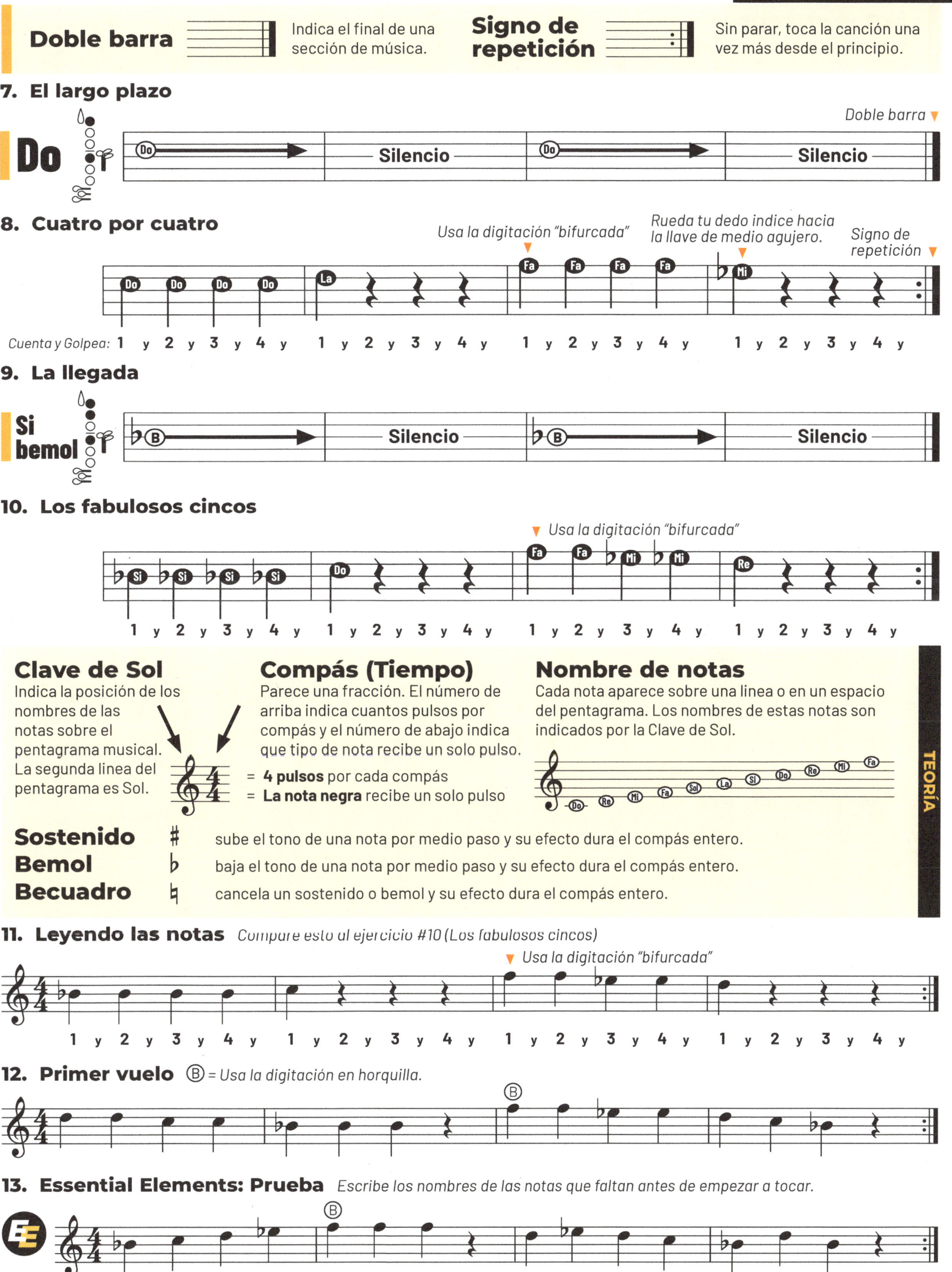
Doble barra
Indica el final de una sección de música.
Signo de repetición
Sin parar, toca la canción una vez más desde el principio.
7. El largo plazo
Do
Doble barra
Do
Silencio
Do
Silencio
8. Cuatro por cuatro
Usa la digitación "bifurcada"
Rueda tu dedo indice hacia la llave de medio agujero.
Signo de repetición
Do Do Do Do
La
Fa Fa Fa Fa
Mi
Cuenta y Golpea: 1 y 2 y 3 y 4 y 1 y 2 y 3 y 4 y 1 y 2 y 3 y 4 y 1 y 2 y 3 y 4 y
9. La llegada
Si bemol
B
Silencio
B
Silencio
10. Los fabulosos cincos
Usa la digitación "bifurcada"
Si Si Si Si
Do
Fa Fa Mi Mi
Re
1 y 2 y 3 y 4 y 1 y 2 y 3 y 4 y 1 y 2 y 3 y 4 y 1 y 2 y 3 y 4 y
Clave de Sol
Indica la posición de los nombres de las notas sobre el pentagrama musical. La segunda linea del pentagrama es Sol.
Compás (Tiempo)
Parece una fracción. El número de arriba indica cuantos pulsos por compás y el número de abajo indica que tipo de nota recibe un solo pulso.
= 4 pulsos por cada compás
= La nota negra recibe un solo pulso
Nombre de notas
Cada nota aparece sobre una linea o en un espacio del pentagrama. Los nombres de estas notas son indicados por la Clave de Sol.
Do Re Mi Fa Sol La Si Do Re Mi Fa
Sostenido
sube el tono de una nota por medio paso y su efecto dura el compás entero.
Bemol
baja el tono de una nota por medio paso y su efecto dura el compás entero.
Becuadro
cancela un sostenido o bemol y su efecto dura el compás entero.
TEORÍA
11. Leyendo las notas Compare esto al ejercicio #10 (Los fabulosos cincos)
Usa la digitación "bifurcada"
1 y 2 y 3 y 4 y 1 y 2 y 3 y 4 y 1 y 2 y 3 y 4 y 1 y 2 y 3 y 4 y
12. Primer vuelo Ⓑ = Usa la digitación en horquilla.
Ⓑ
13. Essential Elements: Prueba Escribe los nombres de las notas que faltan antes de empezar a tocar.
Ⓑ
Si♭ Do Re

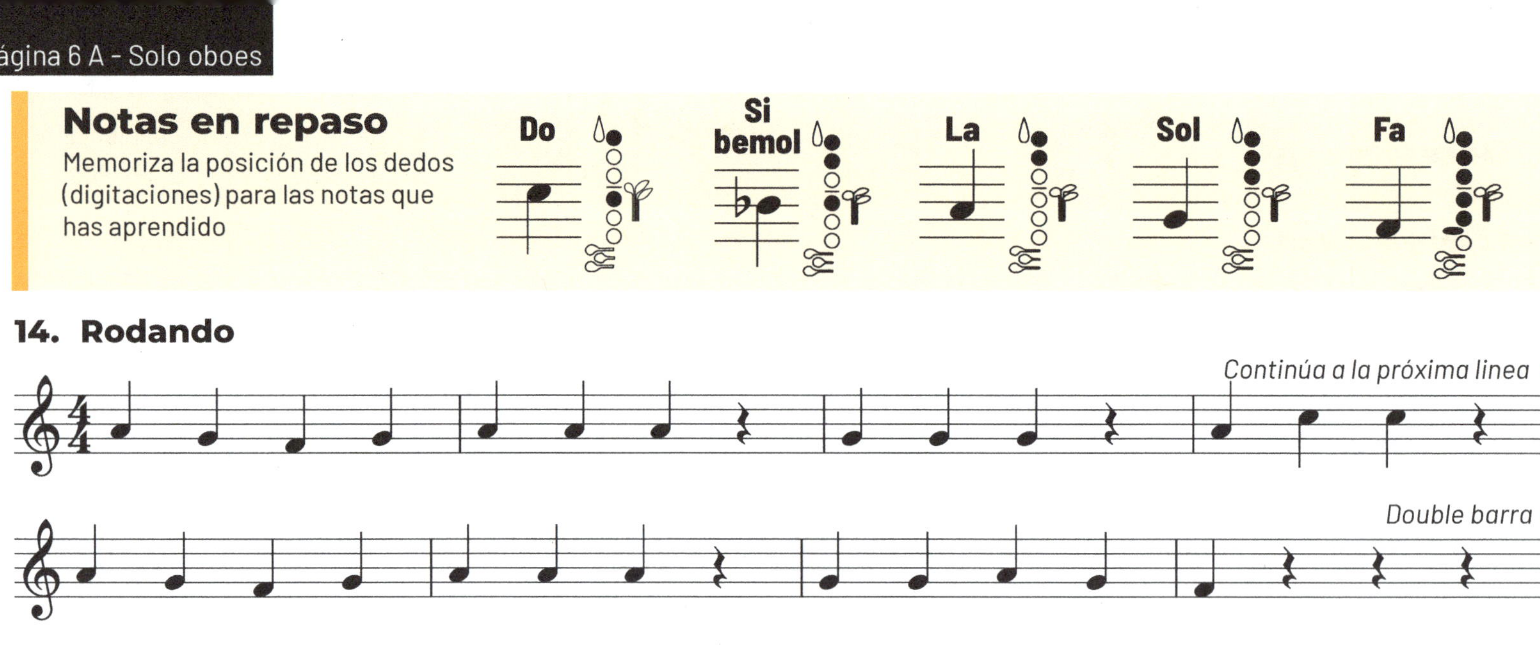

La nota blanca

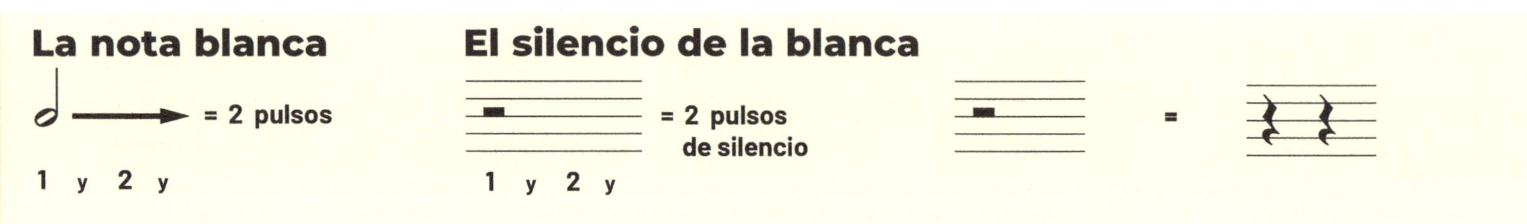

15. Rap de ritmo

Tocar el ritmo con palmadas mientras contando y dando golpecitos.

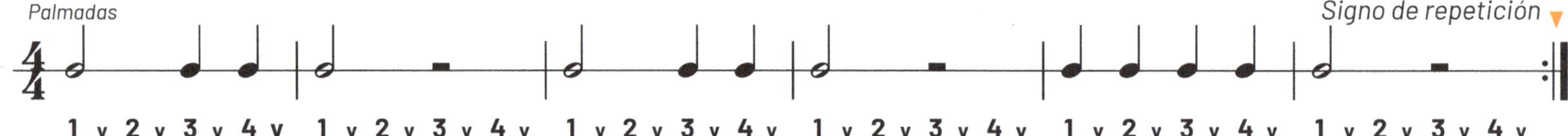

16. La blanca cuenta

17. Panecitos calientes

Revisa tu embocadura y pocisión de las manos

Signo de respiración

Respira profundamente por la boca después de tocar una nota completa.

18. Díselo a tía Rhodie

Canción folclórica estadounidense

19. Essential Elements: Prueba

Usando los nombres de las notas y los ritmos que aparecen debajo, dibuja tus notas en el pentagrama antes de empezar a tocar.

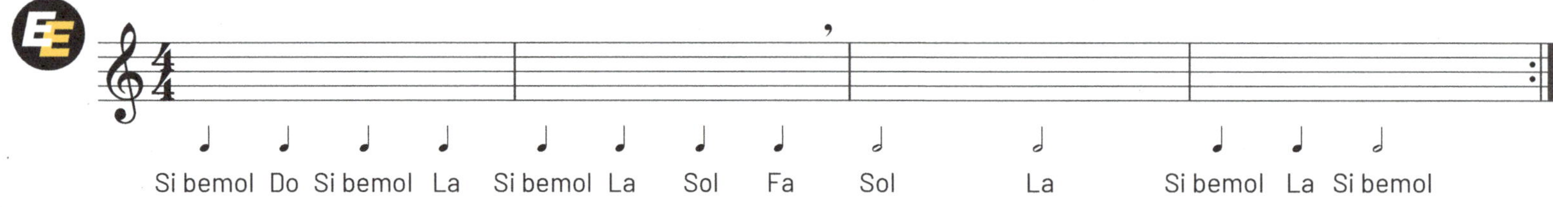

Notas en repaso

Memoriza la posición de los dedos (digitaciones) para las notas que has aprendido

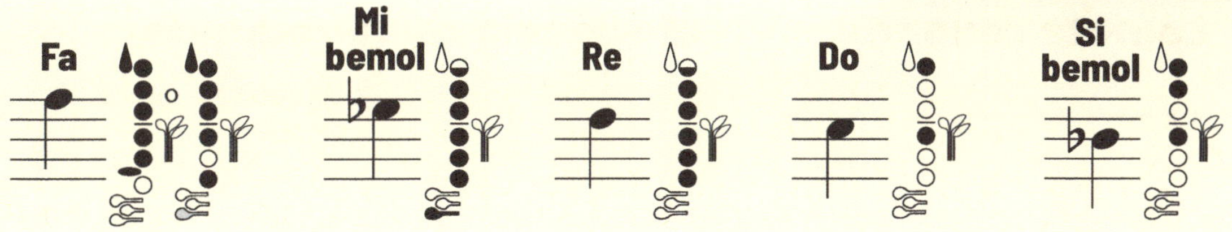

Fa | Mi bemol | Re | Do | Si bemol

14. Rodando

Continúa a la próxima línea ▼

Ⓑ

Double barra ▼

La nota blanca

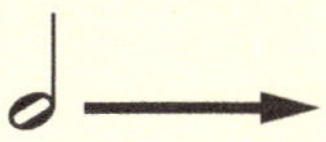

= 2 pulsos

1 y 2 y

El silencio de la blanca

= 2 pulsos de silencio

1 y 2 y

=

15. Rap de ritmo *Tocar el ritmo con palmadas mientras contando y dando golpecitos.*

16. La blanca cuenta

17. Panecitos calientes *Revisa tu embocadura y pocisión de las manos*

Signo de respiración

, Respira profundamente por la boca después de tocar una nota completa.

18. Díselo a tía Rhodie

Canción folclórica estadounidense

19. Essential Elements: Prueba *Usando los nombres de las notas y los ritmos que aparecen debajo, dibuja tus notas en el pentagrama antes de empezar a tocar.*

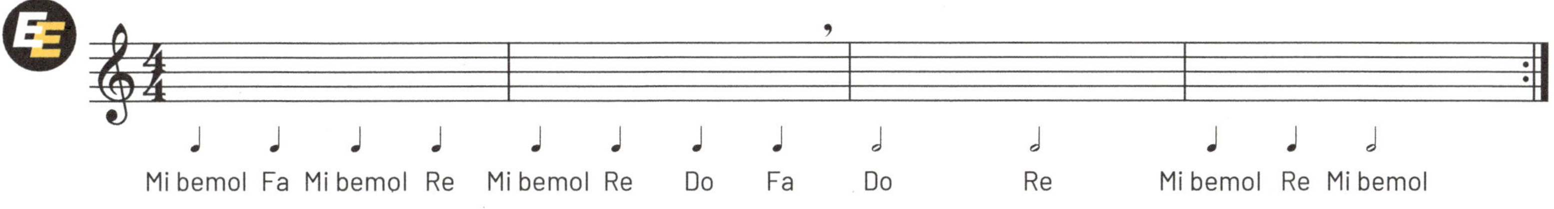

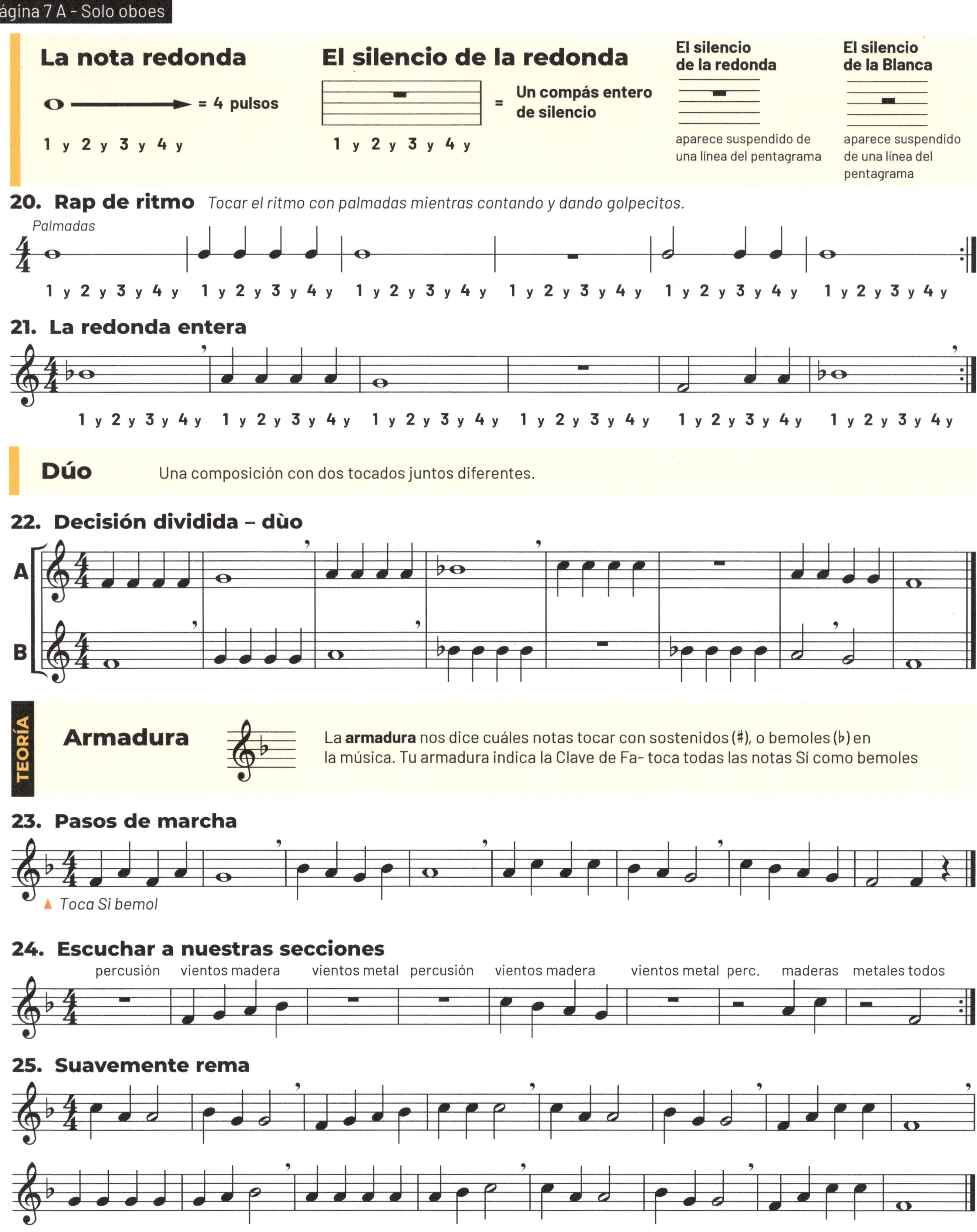
La nota redonda
= 4 pulsos
1 y 2 y 3 y 4 y
El silencio de la redonda
= Un compás entero de silencio
1 y 2 y 3 y 4 y
El silencio de la redonda
aparece suspendido de una línea del pentagrama
El silencio de la Blanca
aparece suspendido de una línea del pentagrama
20. Rap de ritmo Tocar el ritmo con palmadas mientras contando y dando golpecitos.
Palmadas
1 y 2 y 3 y 4 y 1 y 2 y 3 y 4 y 1 y 2 y 3 y 4 y 1 y 2 y 3 y 4 y 1 y 2 y 3 y 4 y 1 y 2 y 3 y 4 y
21. La redonda entera
1 y 2 y 3 y 4 y 1 y 2 y 3 y 4 y 1 y 2 y 3 y 4 y 1 y 2 y 3 y 4 y 1 y 2 y 3 y 4 y 1 y 2 y 3 y 4 y
Dúo
Una composición con dos tocados juntos diferentes.
22. Decisión dividida – dùo
A
B
TEORÍA
Armadura
La armadura nos dice cuáles notas tocar con sostenidos (♯), o bemoles (♭) en la música. Tu armadura indica la Clave de Fa- toca todas las notas Sí como bemoles
23. Pasos de marcha
Toca Si bemol
24. Escuchar a nuestras secciones
percusión vientos madera vientos metal percusión vientos madera vientos metal perc. maderas metales todos
25. Suavemente rema
26. Essential Elements: Prueba Dibuja las líneas que dividen cada compás antes de empezar a tocar.

La nota redonda
= 4 pulsos
1 y 2 y 3 y 4 y
El silencio de la redonda
= Un compás entero de silencio
1 y 2 y 3 y 4 y
El silencio de la redonda
aparece suspendido de una línea del pentagrama
El silencio de la Blanca
aparece suspendido de una línea del pentagrama
20. Rap de ritmo
Tocar el ritmo con palmadas mientras contando y dando golpecitos.
Palmadas
1 y 2 y 3 y 4 y
21. La redonda entera
Dúo
Una composición con dos tocados juntos diferentes.
22. Decisión dividida – dùo
A
B
F
Armadura
La armadura nos dice cuáles notas tocar con sostenidos (#), o bemoles (♭) en la música. Tu armadura indica la Clave de Sí bemol (B♭)- toca todas las notas Sí (B) y también Mí (E) como bemoles (♭)
TEORÍA
23. Pasos de marcha
B
Toca Sí bemol (B♭) y Mi bemol (E♭)
24. Escuchar a nuestras secciones
percusión
vientos madera
vientos metal
percusión
vientos madera
vientos metal
perc.
maderas
metales
todos
25. Suavemente rema
26. Essential Elements: Prueba
Dibuja las líneas que dividen cada compás antes de empezar a tocar.
EE

Calderón 𝄐 Sostener la nota (o silencio) por más tiempo que lo normal.

27. Llegando más alto – nota nueva

Practica tonos largos sobre cada nota nueva.

Usa la tecla de medio agujero en Re.

28. El claro de la luna

Canción folclórica francesa

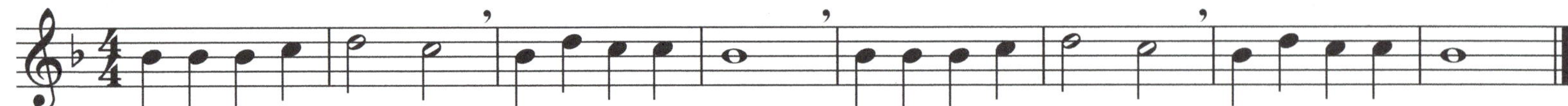

29. Remezcla

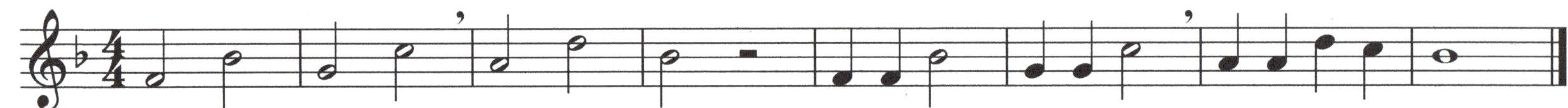

TEORÍA

Armonía Dos o más notas tocadas juntas; Cada combinación forma un *acorde*.

30. El puente de Londres – dúo

Canción folclórica inglesa

HISTORIA

Compositor Austriaco **Wolfgang Amadeus Mozart** (1756–1791) fué un niño prodigio quien empezó tocando música profesionalmente a los seis años y vivió durante el tiempo de la revolución americana. La música de Mozart es muy melódica e imaginativa. Escribió mas de 600 composiciones durante su corta vida, incluyendo una pieza para el piano basado en la famosa canción, "Twinkle, Twinkle, Little Star."

31. Una melodía de Mozart

Adaptación

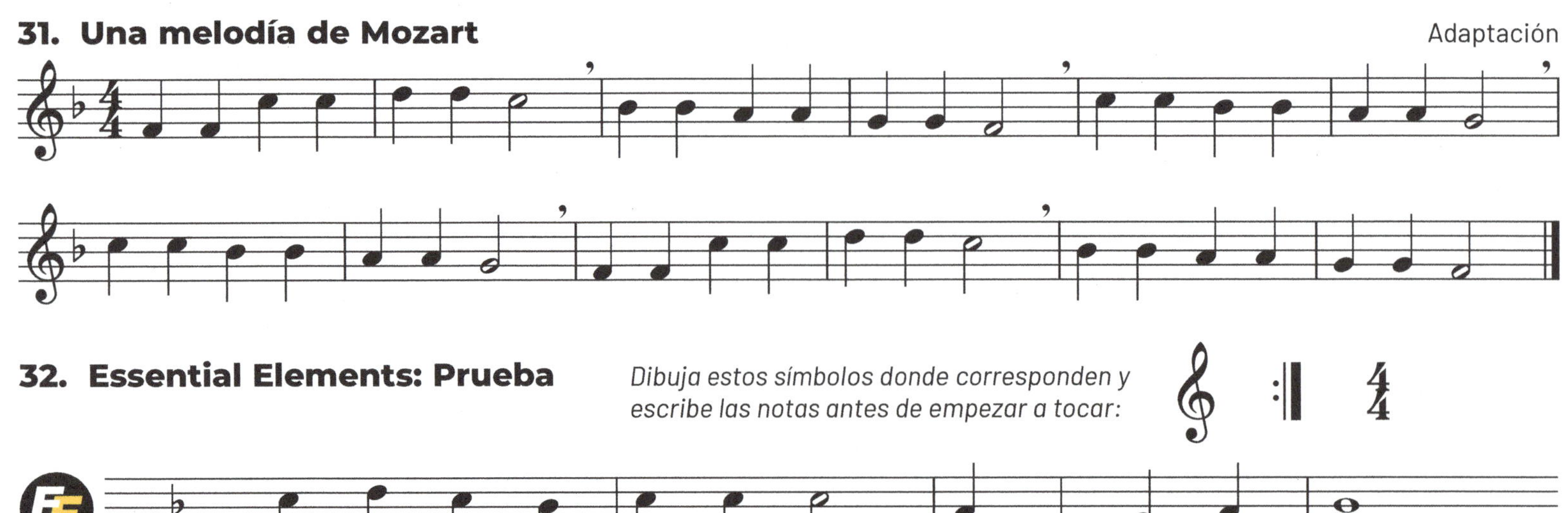

32. Essential Elements: Prueba

Dibuja estos símbolos donde corresponden y escribe las notas antes de empezar a tocar:

Calderón

𝄐 Sostener la nota (o silencio) por más tiempo que lo normal.

27. Llegando más alto – nota nueva

Practica tonos largos sobre cada nota nueva.

▲ *Usa la digitación "regular" para Fa.*
Volver a la página 4B para revisar esta digitación.

28. El claro de la luna

Canción folclórica francesa

▲ *Usa la digitación "bifurcada" para cada Fa en este ejercicio*

**La digitación "bifurcada" hace mas fácil tocar "Fa" mientras moviendo hacia or desde "Mi bemol" or "Re"*

29. Remezcla

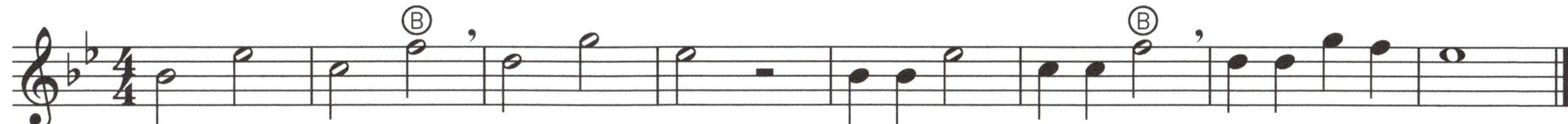

Armonía

Dos o más notas tocadas juntas; Cada combinación forma un acorde.

TEORÍA

30. El puente de Londres – dúo

Canción folclórica inglesa

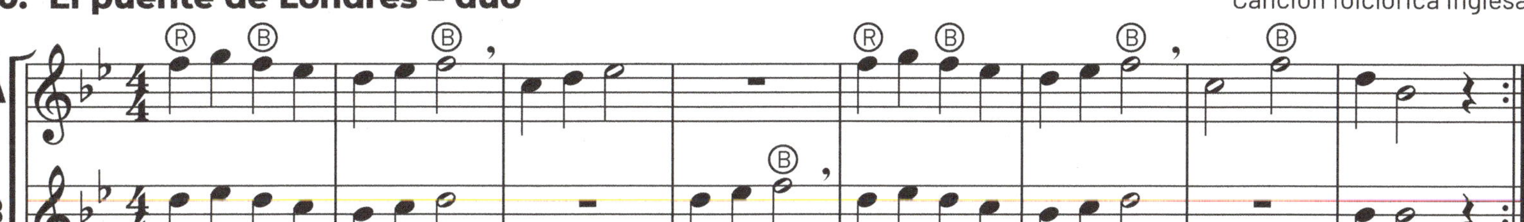

Compositor Austriaco **Wolfgang Amadeus Mozart** (1756–1791) fué un niño prodigio quien empezó tocando música profesionalmente a los seis años y vivió durante el tiempo de la revolución americana. La música de Mozart es muy melódica e imaginativa. Escribió mas de 600 composiciones durante su corta vida, incluyendo una pieza para el piano basado en la famosa canción, "Twinkle, Twinkle, Little Star."

HISTORIA

31. Una melodía de Mozart

Adaptación

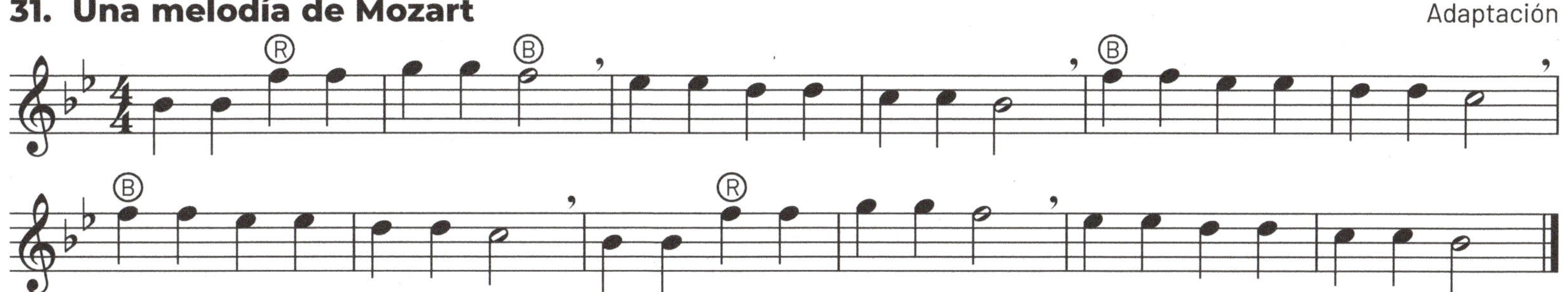

32. Essential Elements: Prueba

Dibuja estos símbolos donde corresponden y escribe las notas antes de empezar a tocar:

* For more information about this fingering, see the TABLA DE DIGITACIONES on page 47.

33. Bolsillos profundos – nota nueva

34. "Doodle" todo el día

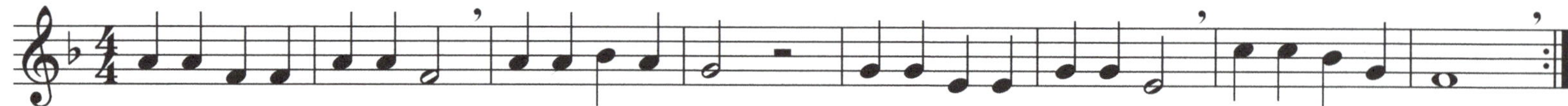

35. Brinca soga

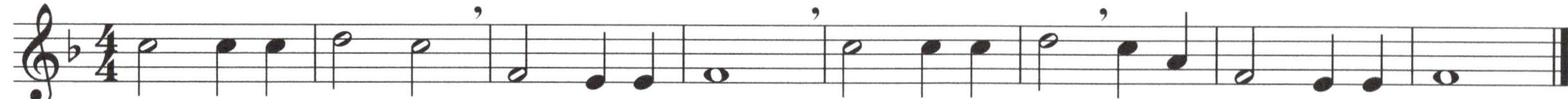

Notas preparatorias

Una o más nota(s) que vienen antes del primer compás *completo*.
Los pulsos de las notas preparatorias son removidos del último compás.

36. A-tisket, a-tasket

Indicadores de dinámicas

f - *forte* (tocar fuertemente) *mf* - *mezzo forte* (tocar en volumen nivel mediana)
p - *piano* (tocar suavemente)
Recuerda usar soporte de respiración completo para controlar tu tono en todos niveles dinámicas

37. Fuerte y suave

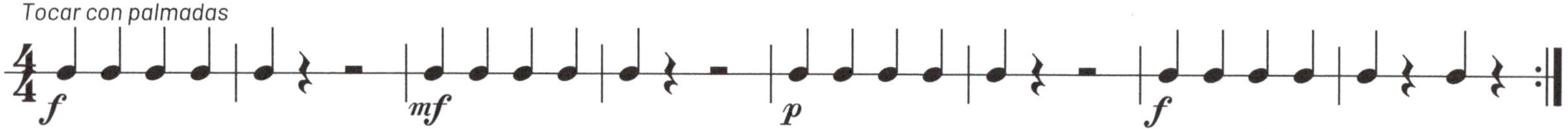

38. Cascabeles *Mantén tus dedos cerca al teclado, curveados naturalmente.*

J. S. Pierpont

39. Mi dreydl *Utilice soporte completo de respiración en cada nivel dinámica.*

Canción tradicional de Hanukkah

33. Bolsillos profundos – nota nueva

34. "Doodle" todo el día

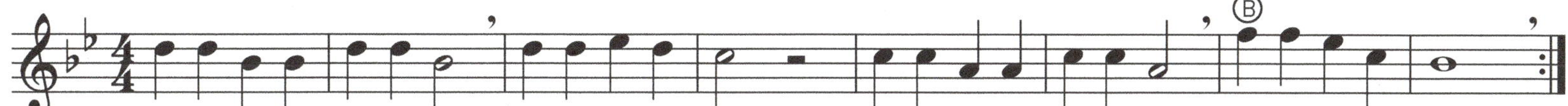

35. Brinca soga

Notas preparatorias

Una o más nota(s) que vienen antes del primer compás *completo*.
Los pulsos de las notas preparatorias son removidos del último compás.

36. A-tisket, a-tasket *Usa la digitación en horquilla para todos los Fa en este ejercicio.*

Indicadores de dinámicas

f - *forte* (tocar fuertemente) ***mf*** - *mezzo forte* (tocar en volumen nivel mediana)
p - *piano* (tocar suavemente)
Recuerda usar soporte de respiración completo para controlar tu tono en todos niveles dinámicas

37. Fuerte y suave

Tocar con palmadas

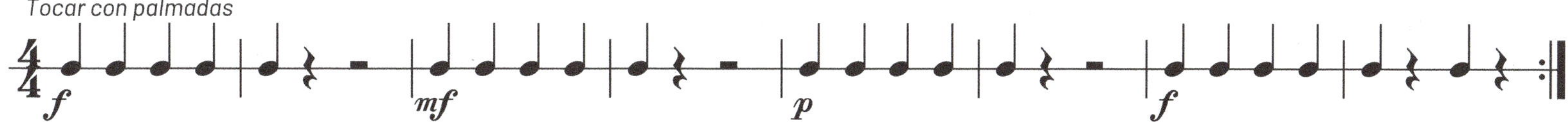

38. Cascabeles *Mantén tus dedos cerca al teclado, curveados naturalmente.*

J. S. Pierpont

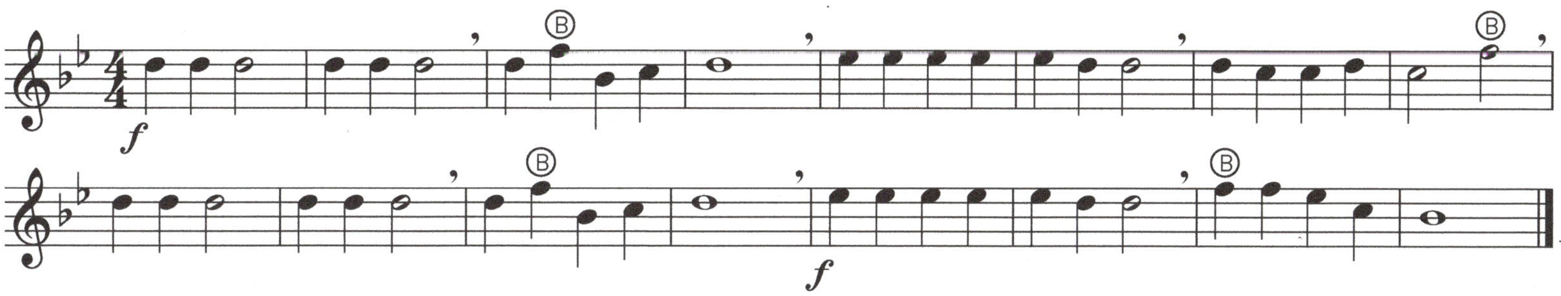

39. Mi dreydl *Utilice soporte completo de respiración en cada nivel dinámica.*

Canción tradicional de Hanukkah

Notas Corcheas

1 y

Cada nota corchea= 1/2 pulso
Dos notas corcheas= 1 pulso
Tocar una nota en cada mitad del pulso (el golpe en el piso y hacia arriba)

Dos o más notas corcheas son conectadas por una viga horizontal que atraviesa las plicas.

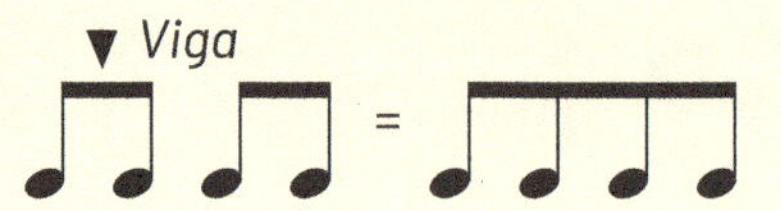

40. Rap de ritmo *Tocar el ritmo con palmadas mientras contando y dando golpecitos.*

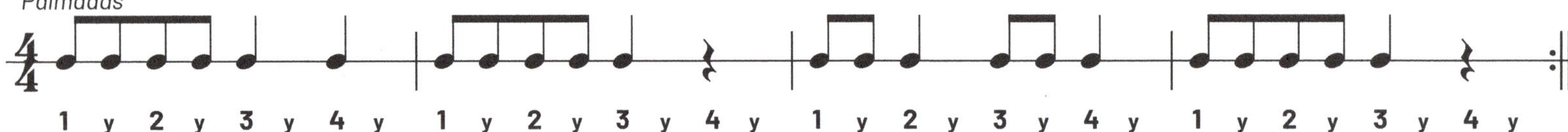

41. "Jam" de corcheas

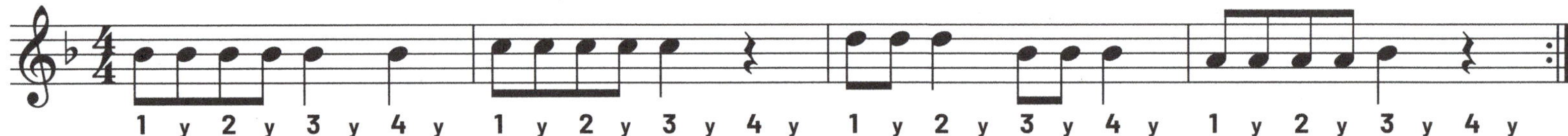

42. Saltar hacia mi Luis

Canción folclórica estadounidense

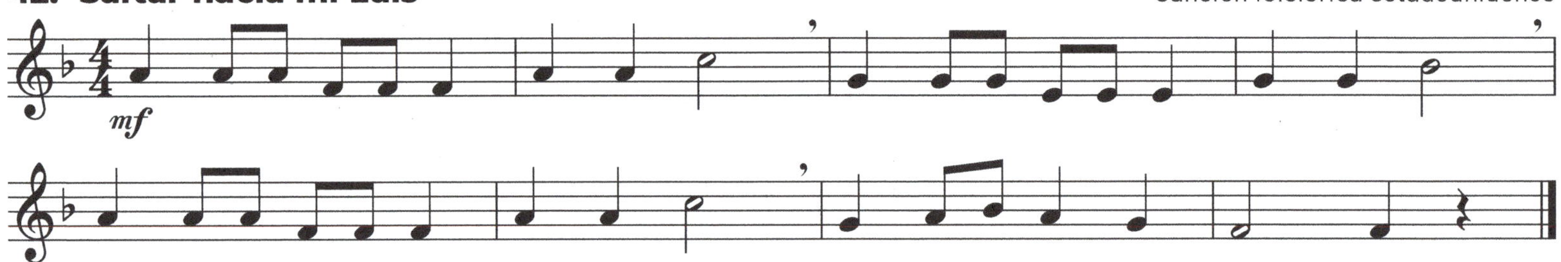

43. Hace mucho, mucho tiempo *Una buena postura mejora tu tono. Siempre siéntate derecho/a.*

44. Rock de Montaña Caramelo

HISTORIA

Compositor Italiano **Gioachino Rossini** (1792-1868) empezó a escribir música en su adolescencia y era muy competente tocando el piano, la viola y el corno. Rossini compuso "William Tell" a los 37 años como su último de sus 40 óperas, y su tema familiar se oye todavía en televisión y radio.

45. Essential Elements: Prueba – William Tell

Gioachino Rossini

Notas Corcheas

Cada nota corchea= 1/2 pulso
Dos notas corcheas= 1 pulso
Tocar una nota en cada mitad del pulso (el golpe en el piso y hacia arriba)

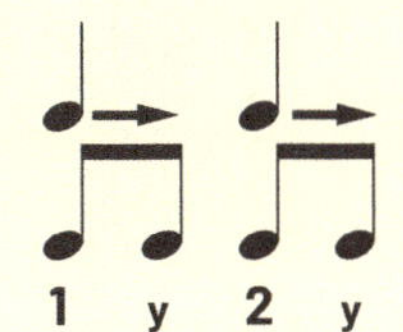

Dos o más notas corcheas son conectadas por una viga horizontal que atraviesa las plicas.

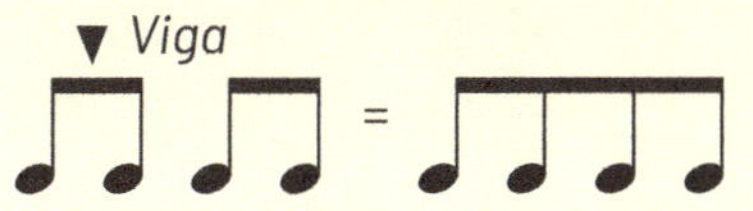

40. Rap de ritmo *Tocar el ritmo con palmadas mientras contando y dando golpecitos.*

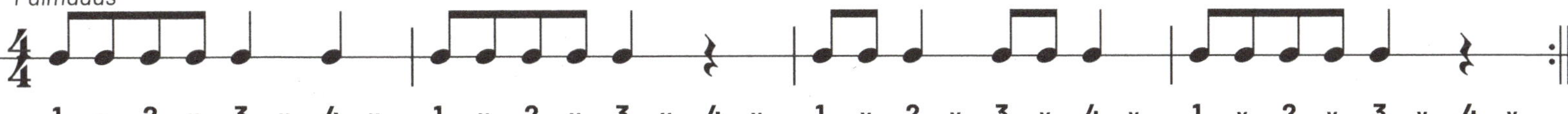

41. "Jam" de corcheas

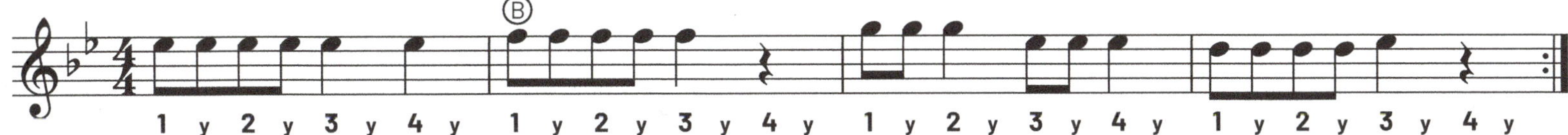

42. Saltar hacia mi Luis

Canción folclórica estadounidense

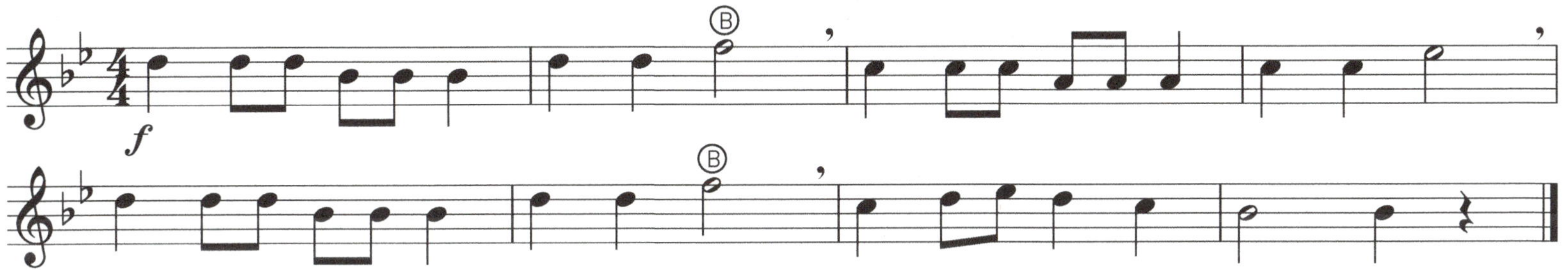

43. Hace mucho, mucho tiempo *Una buena postura mejora tu tono. Siempre siéntate derecho/a.*

44. Rock de Montaña Caramelo

HISTORIA

Compositor Italiano **Gioachino Rossini** (1792–1868) empezó a escribir música en su adolescencia y era muy competente tocando el piano, la viola y el corno. Rossini compuso "William Tell" a los 37 años como su último de sus 40 óperas, y su tema familiar se oye todavía en televisión y radio.

45. Essential Elements: Prueba – William Tell

Gioachino Rossini

TEORÍA

Compás de 2/4

= **2 pulsos** por cada compás
= **Nota negra** vale 1 pulso

Dirigiendo

Practica dirigir este patrón de dos pulsos

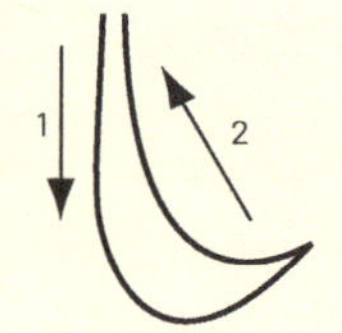

46. Ritmo rap

Palmadas

47. De dos en dos

Indicadores de tempo

"Tempo" es la velocidad de la música. Marcas de tempo generalmente se escriben sobre el pentagrama, en italiano.
Allegro- Tempo rápido **Moderato-** Tempo mediana **Andante-** Ritmo de marcha o caminar más lento

48. Marcha de cadetes secundarios

John Philip Sousa

49. ¡Oye! Nadie esta en casa – nota nueva

Re

Dinámicas

Crescendo
(gradualmente aumentando el volumen)

Decrescendo o *Diminuendo*
(gradualmente reduciendo el volumen)

50. Toca las dinámicas con palmadas

Palmadas

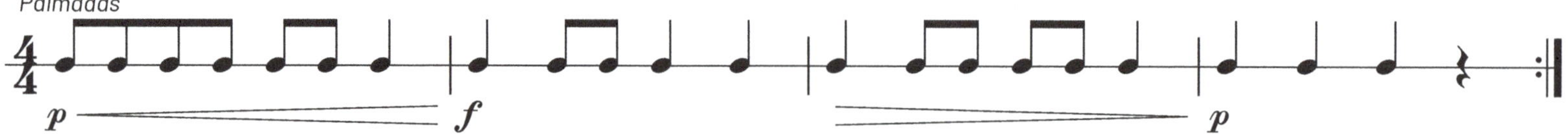

51. Toca las dinámicas

¿Buscas más música divertida para tocar? Consulte la portada interior para obtener instrucciones sobre cómo acceder a las canciones adicionales populares y recientes.

TEORÍA

Compás de $\frac{2}{4}$

= **2 pulsos** por cada compás
= **Nota negra** vale 1 pulso

Dirigiendo

Practica dirigir este patrón de dos pulsos

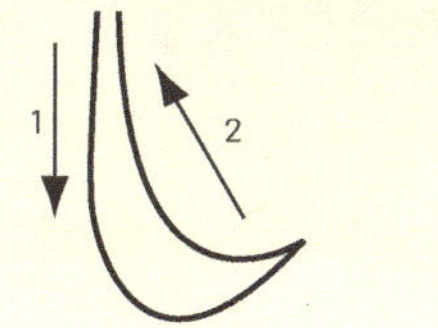

46. Ritmo rap

Palmadas

47. De dos en dos

Indicadores de tempo

"Tempo" es la velocidad de la música. Marcas de tempo generalmente se escriben sobre el pentagrama, en italiano.

Allegro- Tempo rápido **Moderato-** Tempo mediana **Andante-** Ritmo de marcha o caminar más lento

48. Marcha de cadetes secundarios

John Philip Sousa

49. ¡Oye! Nadie esta en casa – nota nueva

Dinámicas

Crescendo
(gradualmente aumentando el volumen)

Decrescendo o *Diminuendo*
(gradualmente reduciendo el volumen)

50. Toca las dinámicas con palmadas

Palmadas

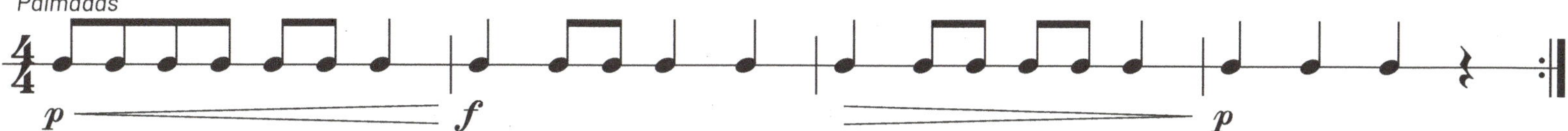

51. Toca las dinámicas

¿Buscas más música divertida para tocar? Consulte la portada interior para obtener instrucciones sobre cómo acceder a las canciones adicionales populares y recientes.

Oboe: Desarolladores de registro

52C. Dulce y baja – nota nueva

53C. Marcha majestuosa

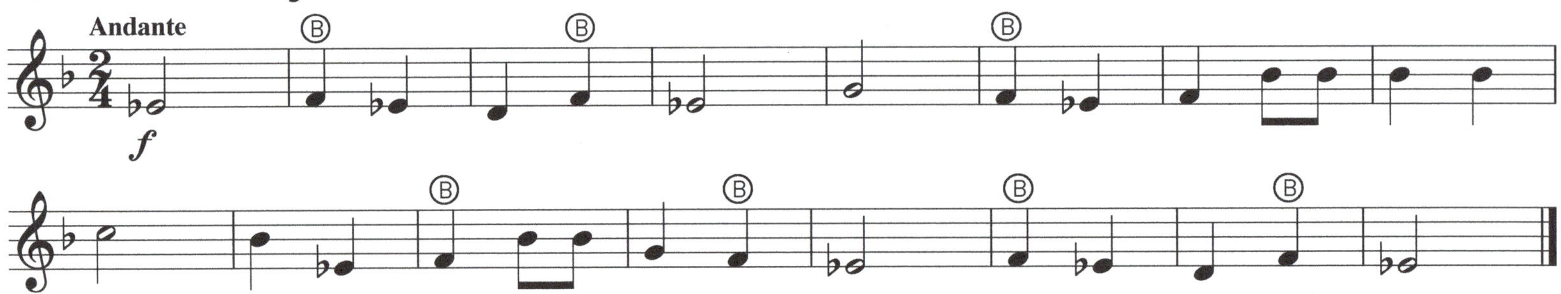

54C. Volador en altas – nota nueva

TEORÍA

Armadura nueva

Tu armadura indica la Clave de Si bemol- toca cada Si bemol y Mi bemol como bemoles todos.

55C. Aloha oe

Reina Liliuokalani, Hawaii

56C. Canción folclórica estadounidense

William Billings

* Para más información sobre esta digitación, consulta la TABLA DE DIGITACIONES en la página 46.

Oboe: Desarolladores de registro

* Para más información sobre esta digitación, consulta la TABLA DE DIGITACIONES en la página 46.

RENDIMIENTO DESCATADO

52. Calentamientos

Desarrollador de tono

Estudio de ritmo

Rap de ritmo

Coral

53. Aura Lee – dúo o arreglo para banda

(Parte A= melodía, Parte B= armonía)

George R. Poulton

54. Frère Jacques – Canon *(Cuando el grupo A llega a ②, el grupo B comienza en ①)*

Canción folclórica francesa

RENDIMIENTO DESCATADO

Ligadura

Una línea curva que conecta notas del mismo tono.
Toca una nota durante el tiempo total de las notas.

= 2 pulsos

59. Listo para ser ligados

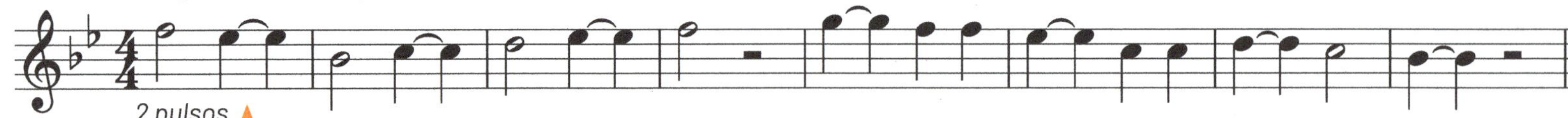

60. Alouette

Canción folclórica francocanadiense

Nota blanca con puntillo

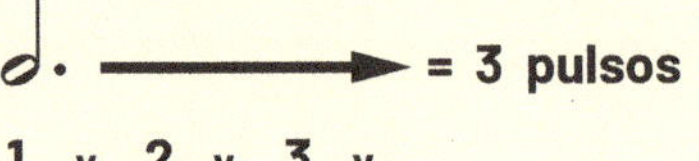

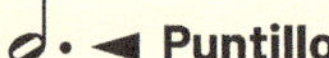

Un puntillo añade la mitad del valor de la nota.

2 pulsos + 1 pulso = 3 pulsos

61. Alouette – la secuela

Canción folclórica francocanadiense

62. Está lloviendo

63. Rumbos nuevos – nota nueva

Ⓡ = Digitación "regular"
Ⓕ = Digitación "bifurcada"

La digitación bifurcada hace más fácil tocar Fa cuando se mueve hacia o desde Mi bemol o Re.

64. Los nobles

Utilice siempre un flujo de aire completo. Mantenga los dedos sobre las teclas, con curvatura natural.

65. Essential Elements: Prueba

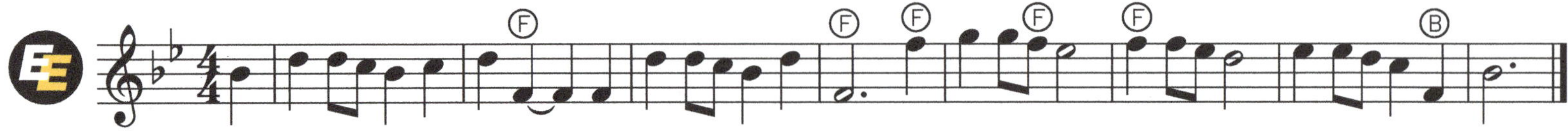

* *Para más información sobre esta digitación, consulta la TABLA DE DIGITACIONES en la página 46.*

TEORÍA

$\frac{3}{4}$ Compás (Ligadurampo)

= **3 pulsos** por cada compás
= **Nota Negra** recibe un pulso

Dirigiendo

Practica dirigir esta patrón de 3 pulsos

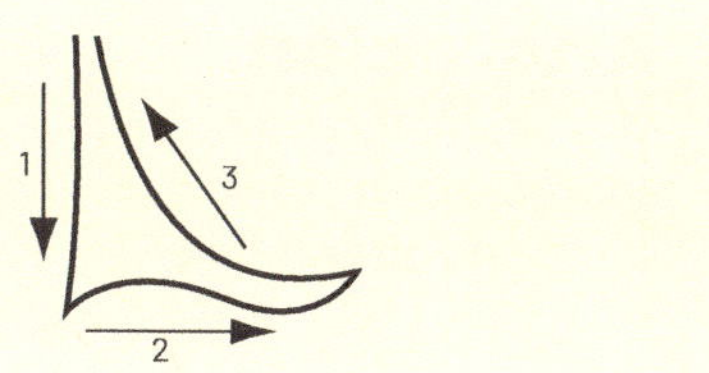

66. Ritmo rap

Palmadas

67. Jam de tres pulsos

68. Barcarolle

Jacques Offenbach

HISTORIA

El compositor noruego **Edvard Grieg** (1843-1907) escribió *Peer Gynt Suite* para una obra de teatro de Henrik Ibsen en 1875, un año antes de que el teléfono fue inventado por Alexander Graham Bell. "Morning" es una melodía de *Peer Gynt Suite*. La música utilizada en obras de teatro o películas se denomina **música incidental**.

69. Mañana (Peer Gynt) *Usa la digitación en horquilla para todos los Fa en este ejercicio.*

Edvard Grieg

Signo de acentuación

Enfatiza la nota.

70. Acentúa tu talento

Palmadas

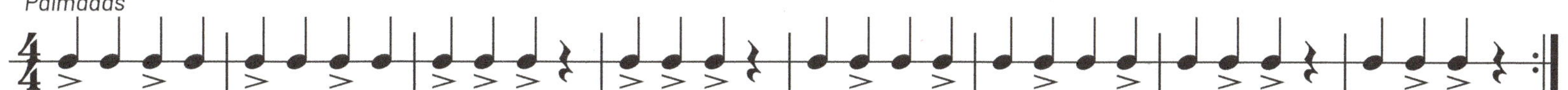

HISTORIA

La música latinoamericana tiene sus raíces en las culturas africana, nativa americana, española y portuguesa. Esta diversa música se caracteriza por vibrantes acompañamientos de tambores y otros instrumentos de percusión como maracas y claves. La música latinoamericana continúa influyendo la música de jazz, clásica y los estilos populares. "Chiapanecas" es una popular canción infantil de baile y juego.

71. Chiapanecas

Canción folclórica latinoamericana

Elige la mejor digitación cada vez que toques un "Fa."

72. Creatividad Esencial

Compone tu propia música para los compases 3 y 4 utilizando este ritmo:

TEORÍA

Alteración

Cualquier signo sostenido, bemol o natural que aparece en la música sin estar en la armadura se llama una **alteración**.

Bemol ♭

Un **bemol** baja el tono de una nota por medio tono. La nota La bemol suena medio tono por debajo de La, y todas las notas La se convierten en La bemol durante el resto del compás donde aparecen.

73. Panecitos calientes – nota nueva

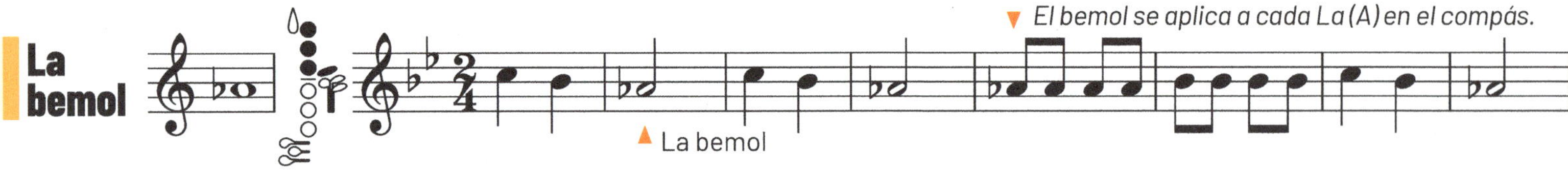

74. Baile cosaca

75. Blues básico – nota nueva

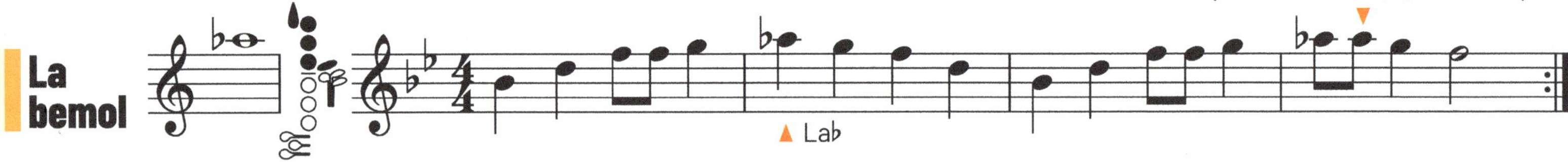

TEORÍA

Armadura Nueva

Esta Armadura indica la clave de Mi Bemol (E♭)- Toca cada Si (B), cada Mi (E♭) y cada La (A) como bemoles.

Primeras y Segundas Terminaciones

Toca la sección repetida hasta el final de la Primera Terminación. Repite la sección indicada, omitiendo la Primera Terminación y saltando a la Segunda Terminación.

76. Altos vuelos

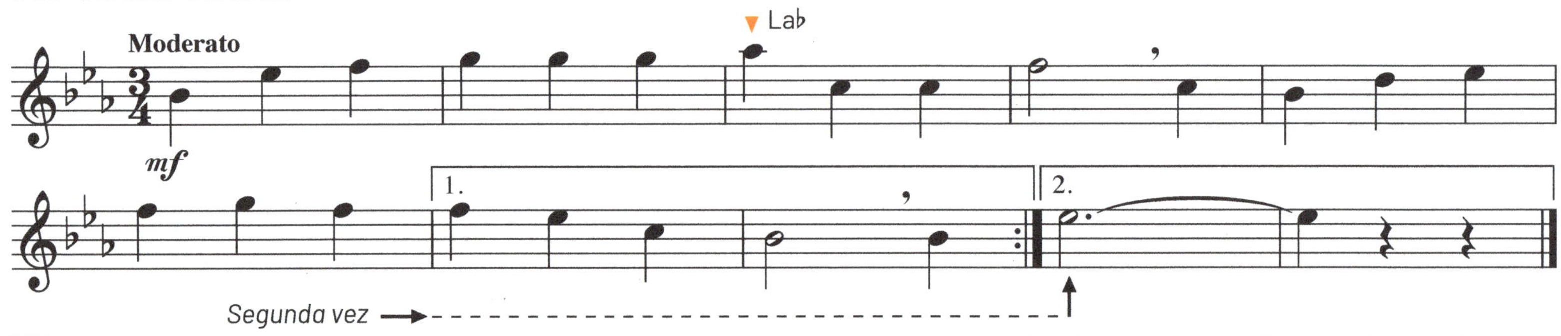

HISTORIA

La música folclórica japonesa en actualidad tiene sus orígenes en la antigua China. "Sakura, Sakura" se interpretaba con instrumentos como el **koto**,un instrumento de 13 cuerdas con más de 4000 años de antigüedad, y también con el **shakuhachi** o flauta de bambú. El sonido único de esta antigua melodía japonesa se debe a la secuencia pentatónica (o secuencia de cinco notas) utilizada en este sistema tonal.

77. Sakura, sakura – arreglo de banda

Canción folclórica japonesa
Arr. por John Higgins

78. Sobre la azotéa

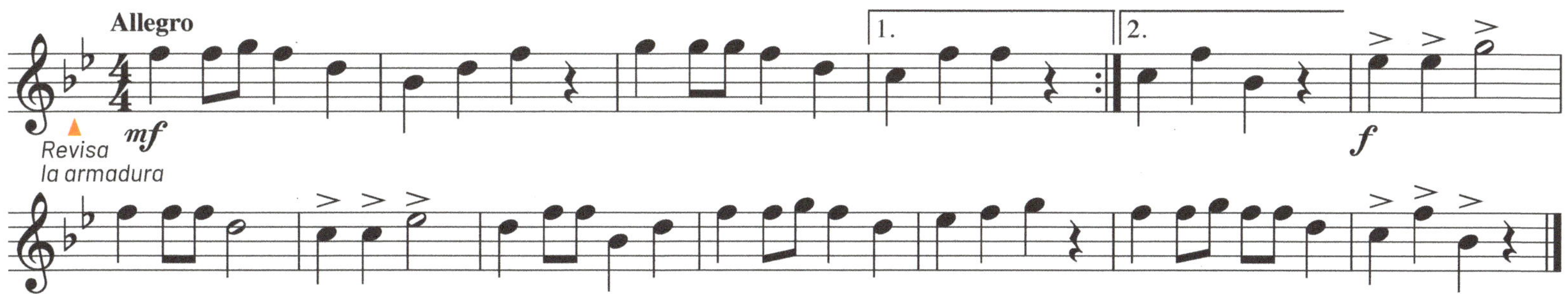

79. Alegre viejo San Nicolas – dúo

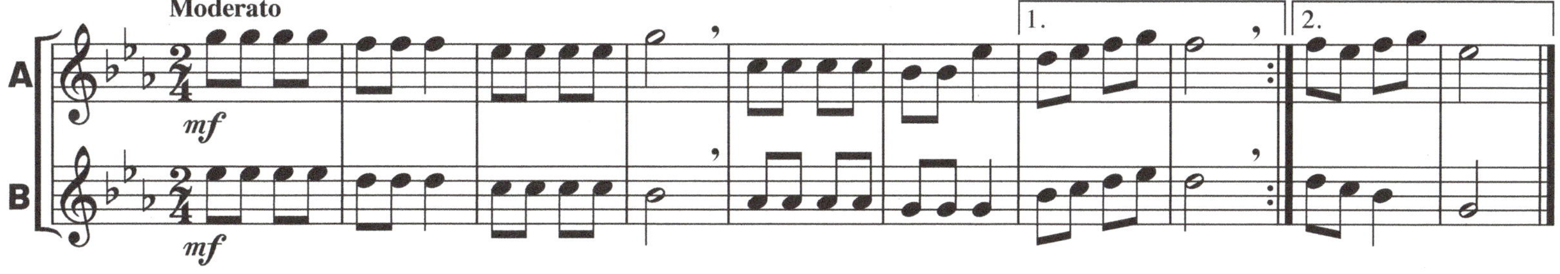

Consulte la página 9 para música navideña adicional, Mi dreydl y Cascabeles.

80. La gran corriente de aire – nota nueva

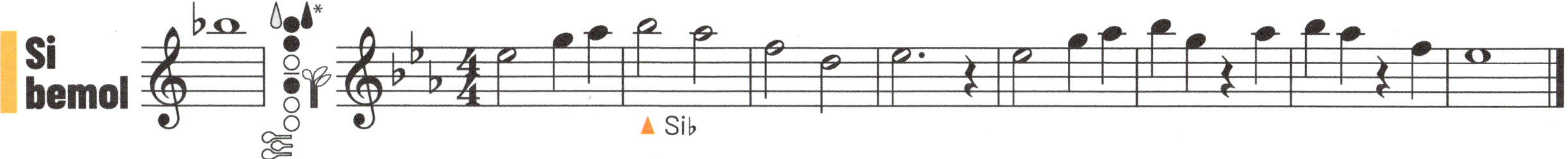

81. Tema de vals (Vals de la viuda alegre)

Franz Lehar

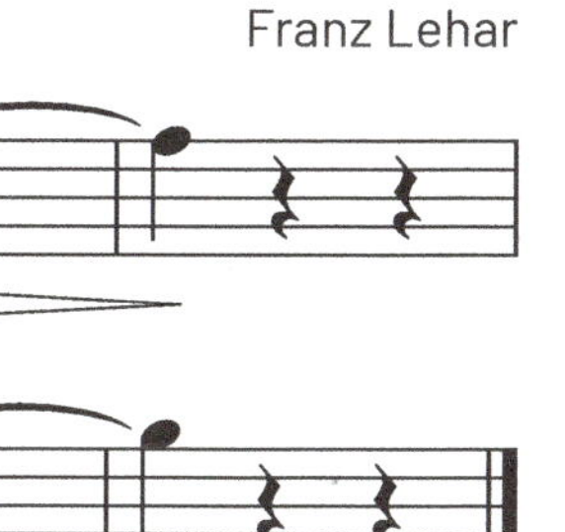

82. Tiempo de aire – nota nueva

83. Allá por la estación

84. Essential Elements: Prueba

85. Creatividad Esencial *Usando estas notas, improvisa tus propios ritmos:*

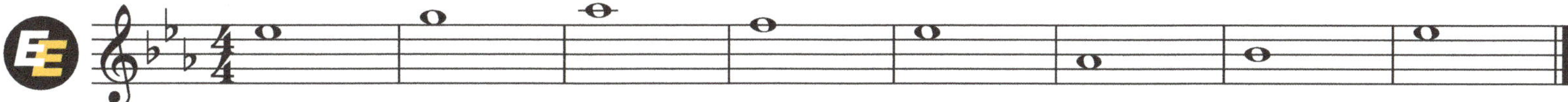

* *Para más información sobre esta digitación, consulta la TABLA DE DIGITACIONES en la página 47.*

DESARROLLADOR DE TONO

Entrenamientos para tono y técnica

86. Desarrollador de tono *Utilice un flujo de aire constante*

87. Desarrollador de ritmo

88. Ejercicios de técnica

89. Coral *adaptado de la Cantata 147*

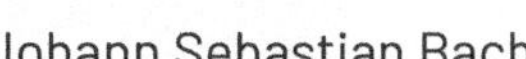

Johann Sebastian Bach

TEORÍA

Tema y variación

Una forma musical que presenta un **tema** o melodía principal, seguido por **variaciones** o versiones alteradas del tema.

90. Variaciones sobre un tema conocido

D.C. al Fine

En el **D.C. al fine** toca de nuevo desde el principio, deteniéndose en **fine**.
D.C. es la abreviación para **Da Capo** o "al principio" y **fine** significa el final.

91. Canción del barco banana

Canción folclórica caribeña

Becuadro ♮

Un **becuadro** cancela un bemol o un sostenido y permanece en efecto durante todo el compás.

TEORÍA

92. Filo de navaja – nota nueva

93. La caja de música

Las canciones **espirituales afroamericanas** se originaron en los 1700's a mediados del período de la esclavitud en Estados Unidos. Una de las categorías más grandes de la auténtica música folclórica estadounidense, estas canciones, principalmente religiosas, se cantaron y se transmitieron de generación en generación sin ser escritas. La primera colección de espirituales se publicó en 1867, cuatro años después de la promulgación de la Proclamación de Emancipación.

HISTORIA

94. Ezekiel vió la rueda

Canción espiritual africana-americana

Ligadura

Una línea curva que conecta notas de diferente altura.
Articular solo la primera nota de una **ligadura**.

95. Operador hábil

96. Deslizando

El ragtime es un estilo musical norteamericano popular desde la década de 1890 hasta la primera guerra mundial. Esta forma temprana de jazz dio fama a pianistas como "Jelly Roll" Morton y Scott Joplin, autores de "The Entertainer" y "Maple Leaf Rag". Sorprendentemente, el estilo se incorporó a algunas obras orquestales de Igor Stravinsky y Claude Debussy. Los trombones ahora aprenden a tocar el *glissando*, una técnica utilizada en el ragtime y otros estilos musicales.

HISTORIA

97. Rag de trombón

98. Essential Elements: Prueba

99. Tomar la delantera – nota nueva

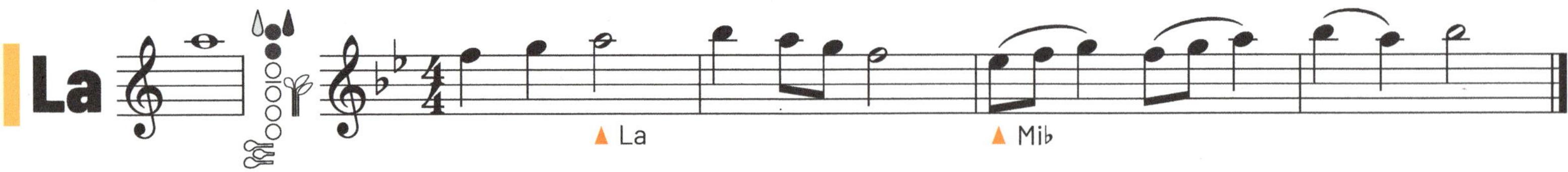

TEORÍA

Frase

Una "oración" musical que comúnmente tiene 2 o 4 compases.
Trata de tocar una **frase** completa con una sola respiración.

100. El viento frío

101. Fraseología *Escribe los signos de respiración (’) entre las frases.*

TEORÍA

Armadura nueva

Esta **Armadura** indica la Clave de Fa (F). Tocar cada Si (B) como bemol (B♭)

Silencios de compases multiples

El número sobre en pentagrama indica cuantos compases completos requieren silencio. Contar cada compás de silencio en secuencia:

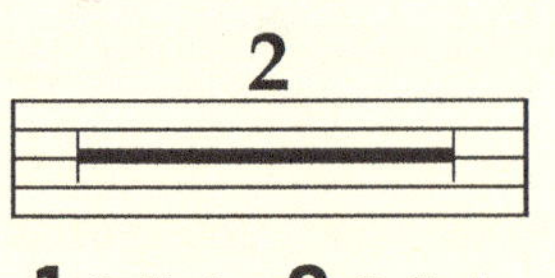

102. Latin Satinado

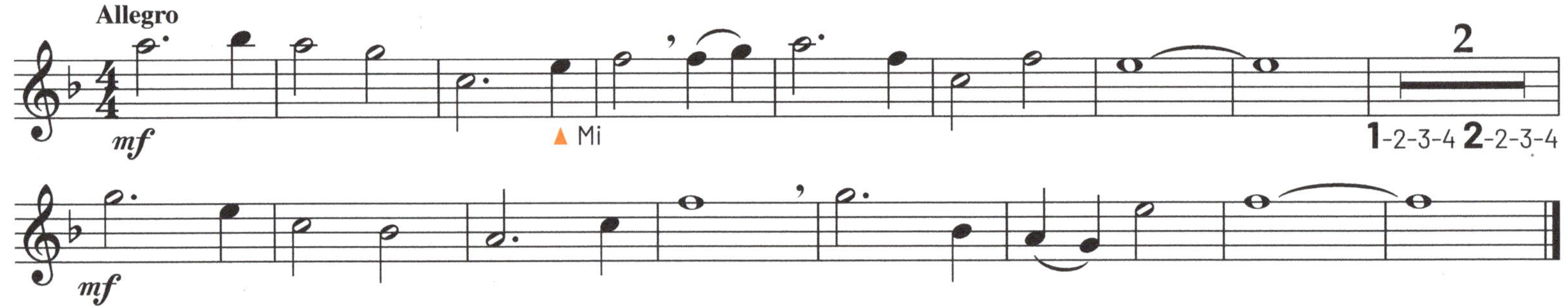

HISTORIA

El compositor alemán **Johann Sebastian Bach** (1685–1750) fue parte de una gran familia de músicos famosos y se convirtió en el compositor más reconocido de la época barroca. Comenzando como miembro del coro, Bach pronto se convirtió en organista, profesor y compositor prolífico, que escribió más de *600 obras* maestras. Este Minueto, o danza en compás de 3/4, fue escrita como una pieza didáctica para su uso con una forma temprana del piano.

103. Minuet – dúo

Johann Sebastian Bach

104. Creatividad Esencial

Esta melodía se puede tocar en 3/4 o 4/4. Dibuja a lápiz cualquiera de las dos compases, dibuja las líneas divisorias y toca la canción. Ahora borra las líneas divisorias y prueba con el otro compás. ¿Suenan diferentes las frases?

105. Naturalmente

El compositor austriaco **Franz Peter Schubert** (1797–1828) vivió una vida más corta que cualquier otro gran compositor, pero creó una increíble cantidad de música: más de 600 canciones artísticas (música de concierto para voz y acompañamiento), diez sinfonías, música de cámara, óperas, obras corales y piezas para piano. Su "Marcha militar" fue originalmente un dúo de piano.

HISTORIA

106. Marcha militar – nota nueva

Franz Schubert

107. La zona plana – nota nueva

108. Encima de viejo Smokey

Canción folclórica estadounidense

El boogie-woogie es un estilo de **blues**, y fue grabado por primera vez por el pianista Clarence "Pine Top" Smith en 1928, un año después del vuelo en solitario de Charles Lindbergh a través del Atlántico. La música blues, como una forma de jazz, presenta notas alteradas y generalmente se escribe en versos de 12 compases, como "Boogie del bajo de abajo".

HISTORIA

109. Boogie del bajo de abajo – dúo

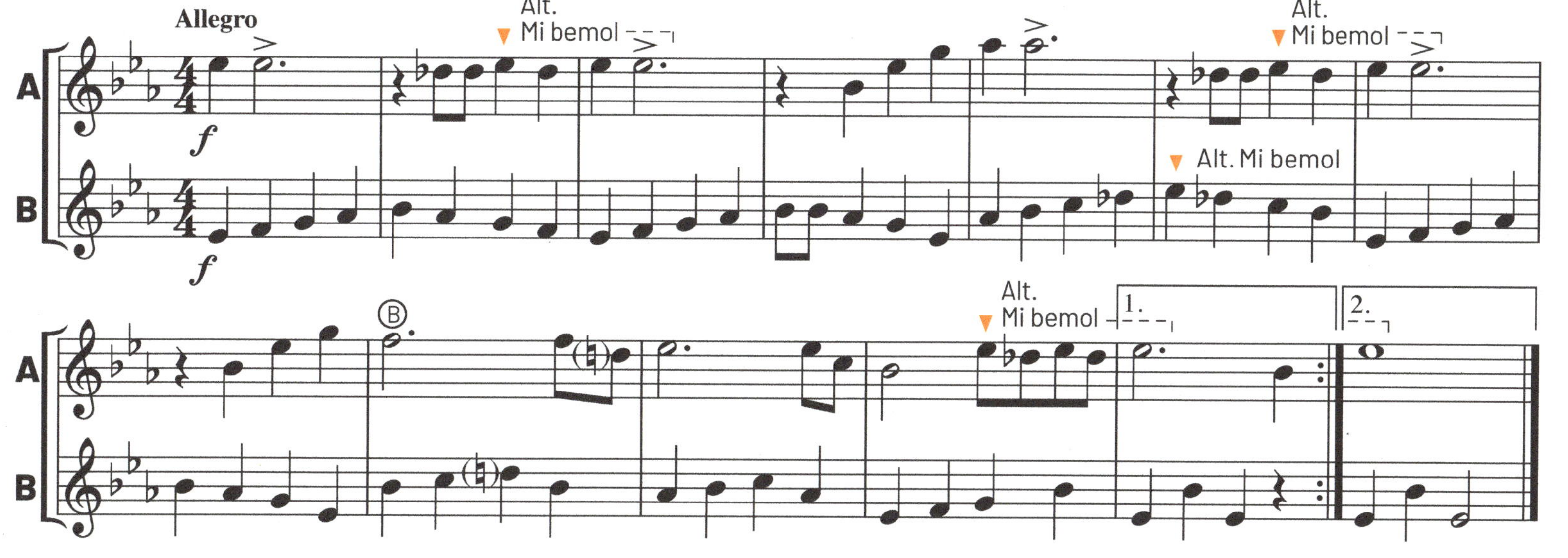

Notas negras con puntillo y corcheas
= 2 pulsos
Un punto añade la mitad del valor de la negra.
Una sola corchea tiene una bandera en la plica.
110. Rap de ritmo
Palmadas
111. El punto siempre cuenta
112. Toda la noche
Fine
Alt. Mi bemol
Alt. Mi bemol
D.C. al Fine
113. Chabolas de mar
Utiliza siempre la corriente de aire completa.
Canción folclórica inglesa
Moderato
114. La feria de Scarborough
Canción folclórica inglesa
Andante
Alt. Mi bemol
Alt. Mi bemol
115. Rap de ritmo
Palmadas
116. El cambio de rumbo
117. Essential Elements: Prueba – Auld lang syne
Canción folclórica escocesa
Andante
Revisa el ritmo

RENDIMIENTO DESTACADO

Solo con Acompañamiento de Piano

Puedes realizar este solo con o sin un pianista acompañante. Tócalo para la banda, la escuela o tu familia. Este pasaje forma parte de la **Sinfonía #9 ("Del Mundo Nuevo")** del compositor checo **Antonin Dvorák** (1841-1904). Él escribió la obra mientras visitaba Estados Unidos en 1893, y se inspiró para incluir melodías de canciones folclóricas y espirituales estadounidenses. Este es el tema **Largo** (o "tempo muy lento").

118. Tema de "Sinfonía del nuevo mundo"

Antonin Dvorák

Los grandes músicos animan a sus compañeros intérpretes. En esta página, los clarinetistas aprenden el registro superior de sus instrumentos en los "Saltos de gorila granadilla" (llamado así por la madera de granadilla utilizada para hacer clarinetes). Los músicos de instrumentos metales aprenden las ligaduras de labios, un nuevo patrón de calentamiento. El éxito de tu banda depende del esfuerzo y el estímulo de todos.

119. Salto de gorila granadilla n.° 1

120. Saltando arriba y abajo

121. Salto de gorila granadilla n.° 2 – nota nueva

122. Saltando con alegría

123. Salto de gorila granadilla n.° 3

124. Saltos de tijera

TEORÍA

Intervalo La distancia entre dos tonos es un **intervalo**. Comenzando con "1" en la nota más baja, cuenta cada línea y espacio entre las notas. El número de la nota más alta es la distancia del intervalo.

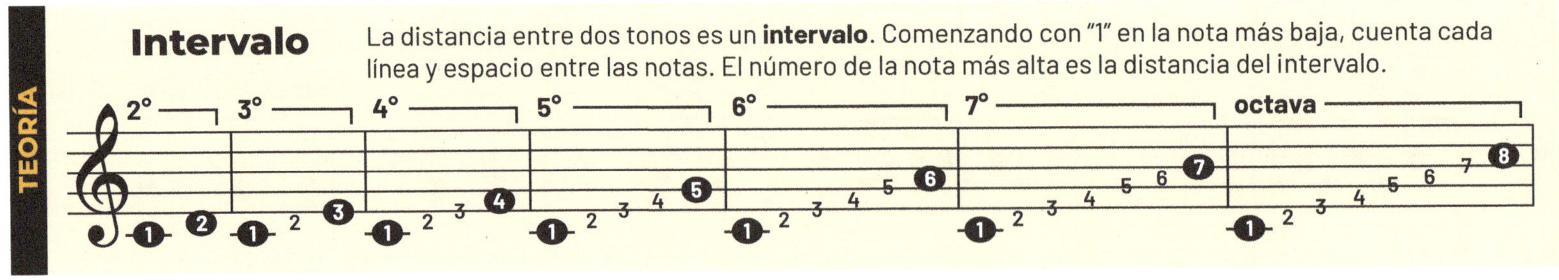

125. Essential Elements *Escribe los números de los intervalos, contando hacia arriba desde las notas más bajas.*

Canciones adicionales están disponibles en línea. Consulte la portada interior para obtener más detalles.

126. Salto de gorila granadilla n.° 4

127. Tres es la cuenta

128. Salto de gorila granadilla n.° 5

129. Ejercicios de técnica

130. Cruzando

Trío Un **trío** es una composición con tres partes tocadas juntas.
Practica este trío con otros dos músicos y escucha la armonía a 3 voces.

131. Kum bah yah – trío *Compruebe siempre la armadura* Canción folclórica africana

Signos de Repetición

Repite la sección de música encerrada por los **signos de repetición**. (Si se usan terminaciones 1ª y 2ª, se tocan como de costumbre, pero se vuelve a la primera señal de repetición, no al principio).

132. Michael rema el bote hasta la orilla

Canción folclórica africana

Andante

mf

1. 2.

133. Vals austríaco

Canción folclórica austriaca

Moderato

f

134. Bahía botánica

Canción folclórica australiano

Allegro

mf *f* *mf*

TEORÍA

C Compás

= **Tiempo común** (igual a $\frac{4}{4}$)

Dirigiendo

Practica dirigir este patrón de cuatro pulsos

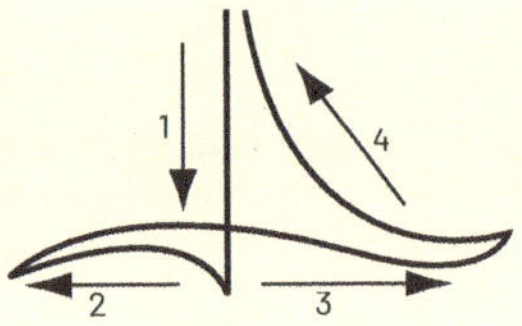

1 2 3 4

135. Ejercicios de técnica

Practica este ejercicio en todos los niveles dinámicos.

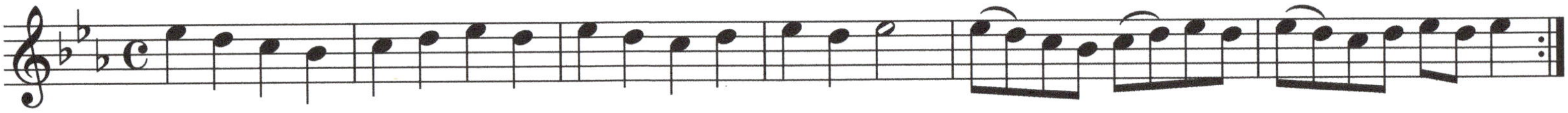

136. Finlandia

Jean Sibelius

Andante

p *mf* *p*

1. 2.

137. Creatividad Esencial

Crea tus propias variaciones dibujando un punto y una bandera para cambiar el ritmo de cualquier compás de a

138. Saltos fáciles de gorila

139. Ejercicios de técnica *Compruebe siempre la armadura.*

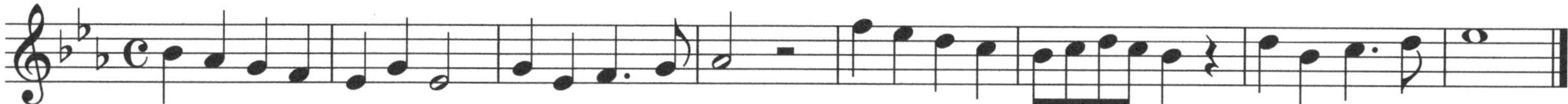

140. Otro ejercicio de técnica

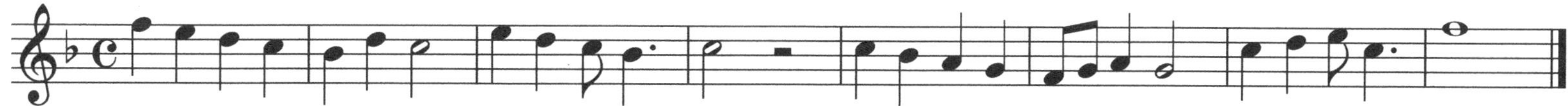

141. Canción alemana folclórica

142. Cuando los santos vuelven a marchar James Black y Katherine Purvis

143. Paseo de los gorila de tierra-baja

144. Navegación tranquila

145. Más saltos de gorila

146. Cobertura total

TEORÍA

Escala

Una **escala** es una secuencia de notas en orden ascendente o descendente. Como una "escalera" musical, cada escala de paso es la siguiente nota consecutiva en la tonalidad. Esta escala está en tu clave de Si bemol (B♭), usando dos bemoles. La dos notas mas superior e inferior son ambas Si bemoles. El intervalo entre las dos es de una octava.

147. Escala de Si bemol

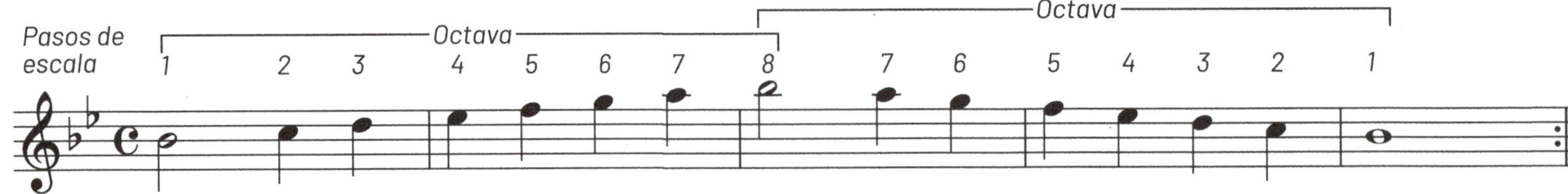

TEORÍA

Acorde y Arpegios

Cuando dos o más notas se tocan juntas, forman un **acorde** o armonía. Este acorde de Si bemol se construye a partir de los pasos 1º, 3º y 5º de la escala de Si bemol (B♭). El octavo paso es el mismo que el 1º, pero es una octava más alta. Un **arpegio** es un acorde "fragmentado" cuyas notas se tocan individualmente.

148. En armonía

Divida las notas de los acordes entre los miembros de la banda y tóquenlos juntos. ¿Suena el arpegio como un acorde?

149. Escala y arpegio

HISTORIA

El compositor austriaco **Franz Josef Haydn** (1732-1809) escribió 104 sinfonías. Muchas de estas obras tenían apodos e incluían efectos brillantes y únicos para su época. *Su sinfonía N.º 94* fue llamada "La sinfonía sorpresa" porque el suave segundo movimiento incluía una dinámica repentina y fuerte, destinada a despertar a un público a menudo adormecido. Presta atención especial a la dinámica cuando toques este famoso tema.

150. Tema de la Sinfonía sorpresa

Franz Josef Haydn

151. Essential Elements: Prueba – Las calles de Laredo

Canción folclórica estadounidense

Escribe los nombres de las notas antes de tocar

RENDIMIENTO DESCATADO

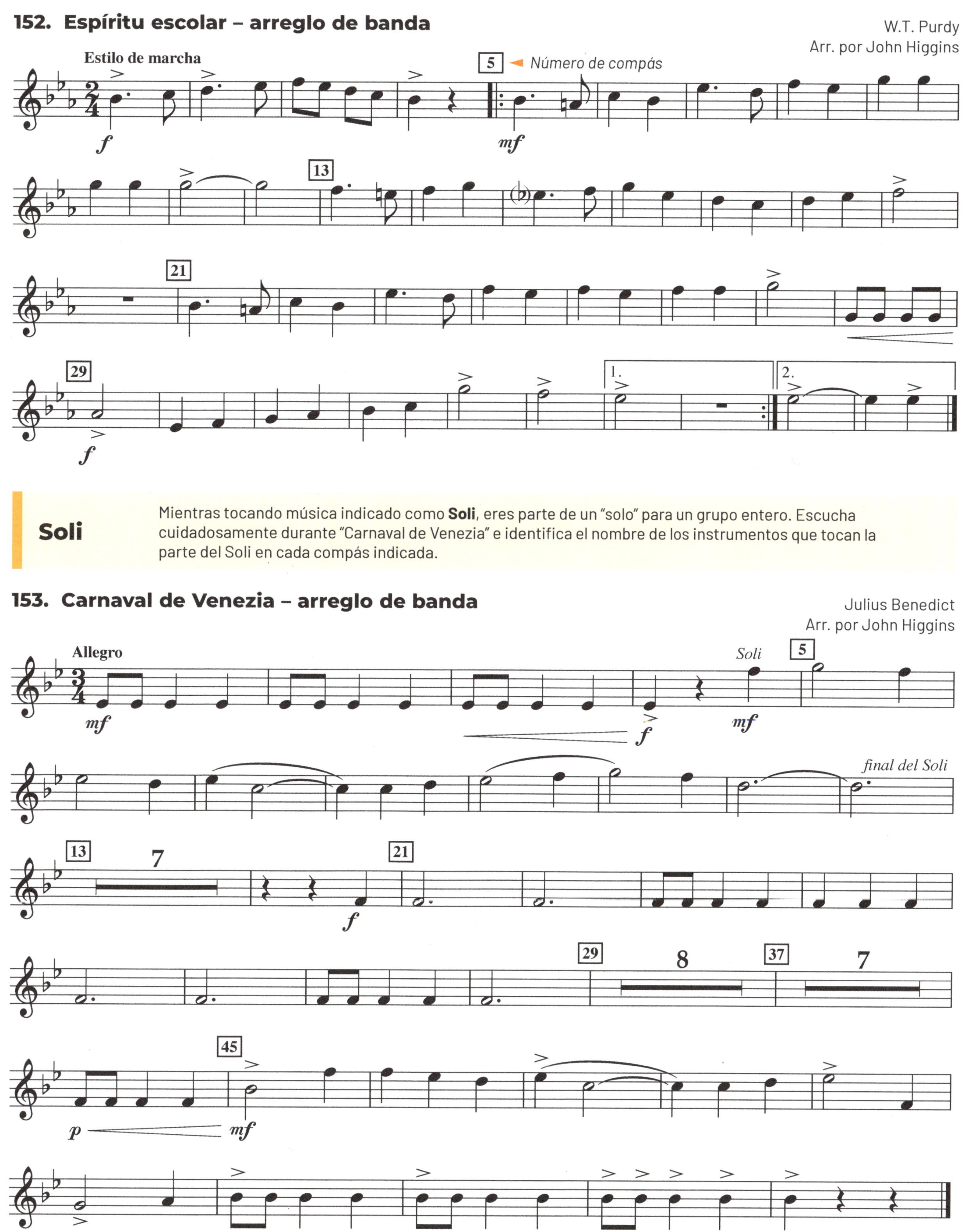

152. Espíritu escolar – arreglo de banda

W.T. Purdy
Arr. por John Higgins

Soli

Mientras tocando música indicado como **Soli**, eres parte de un "solo" para un grupo entero. Escucha cuidadosamente durante "Carnaval de Venezia" e identifica el nombre de los instrumentos que tocan la parte del Soli en cada compás indicada.

153. Carnaval de Venezia – arreglo de banda

Julius Benedict
Arr. por John Higgins

CALENTAMIENTOS DIARIOS

EJERCICIOS PARA TONO Y TÉCNICA

154. Desarrollador de registro y flexibilidad

155. Ejercicios de técnica

156. Coral

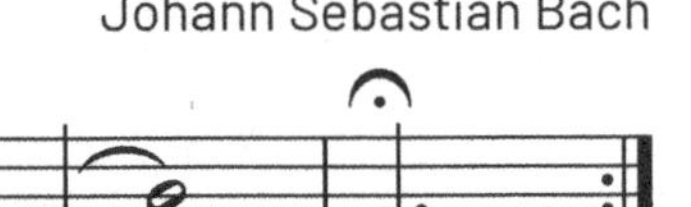

Johann Sebastian Bach

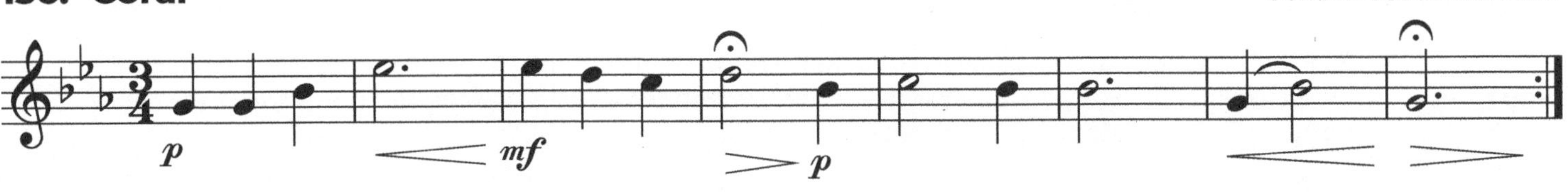

HISTORIA

La melodía tradicional hebrea "Hatikvah" ha sido el himno nacional de Israel desde el inicio de la nación. En la declaración de estado de 1948, fue cantada por la asamblea reunida durante la ceremonia de apertura y fue interpretada por miembros de la Orquesta Sinfónica de Palestina al concluir.

157. Hatikvah

Himno nacional israelí

Nota corchea y silencio de corchea

♪ = 1/2 pulso de sonido

𝄾 = 1/2 pulso de silencio

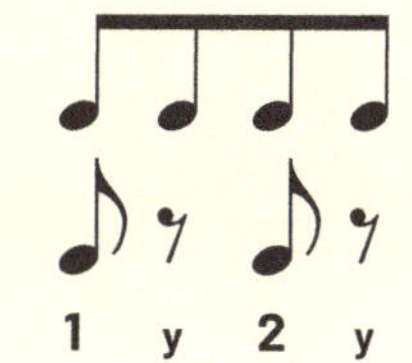

158. Rap de ritmo

Palmadas

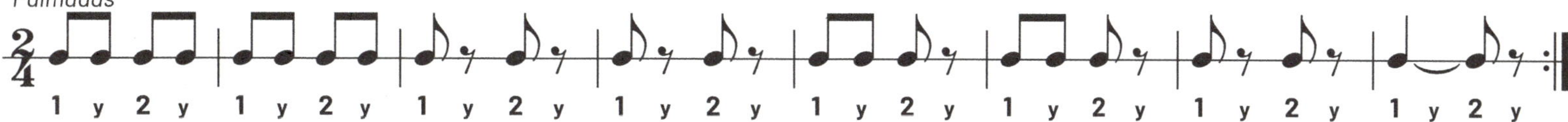

159. Marcha de corcheas

160. Minuet

Johann Sebastian Bach

161. Rap de ritmo

Palmadas

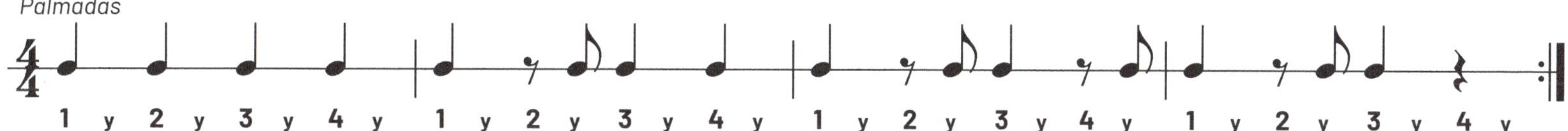

162. Corcheas después del pulso

163. Corcheas revueltas

164. Essential Elements: Prueba

165. Melodía de baile – nota nueva

HISTORIA

El compositor y director de orquesta estadounidense **John Phillip Sousa** (1854-1892) escribió 136 marchas. Conocido como "El rey de la marcha". Sousa escribió *The Stars and Stripes Forever*, *Semper Fidelis*, *The Washington Post* y muchas otras obras patrióticas. La banda de Sousa tocó en todo el país, y su fama ayudó aumentar la popularidad de las bandas en Estados Unidos. Aquí hay una melodía de su famosa opereta y marcha *El capitán*:

166. El capitán

John Philip Sousa

HISTORIA

O Canadá, anteriormente conocido como "la canción nacional", se representó por primera vez en el año 1880 en el Canadá Francés. Robert Stanley Weir tradujo la versión ingles en el año 1908, pero la canción no fue adoptada como el himno nacional de Canadá hasta el año 1980, cien años después de su estreno.

167. O Canadá

Calixa Lavallee,
l'Hon. Judge Routhier y Justice R.S. Weir

Maestoso (Majestuosamente)

168. Essential Elements: Prueba – Meter mania

Cantar y palmadas antes de tocar. ¿Puedes dirigir esto?

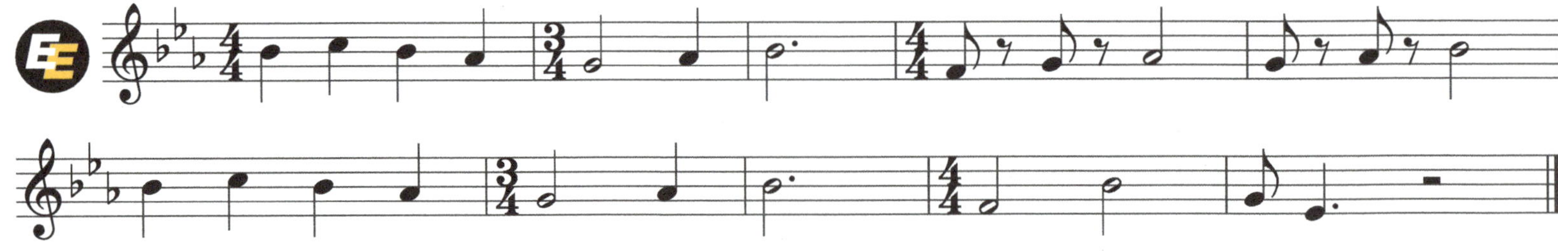

TEORÍA

Enarmónicos

Dos notas que están escritas de manera diferente, pero suenan igual (y tocadas con la misma digitación) se llaman **enarmónicas**. La tabla de digitación de las páginas 46 y 47 muestra las digitaciones de las notas enarmónicas de tu instrumento.

En el teclado de un piano, cada tecla negra es a la vez un bemol y un sostenido.

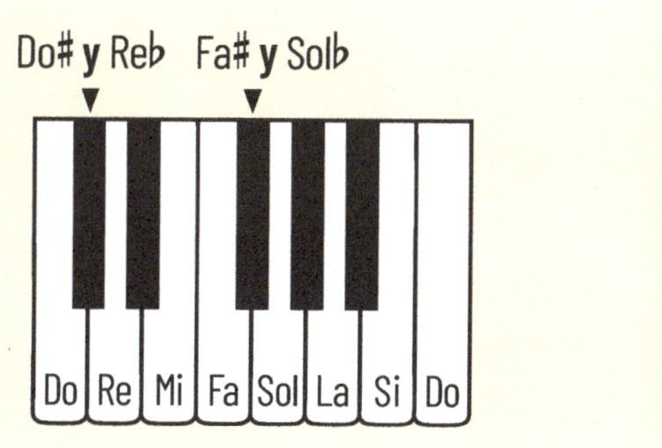

169. Encantador de serpientes

Las notas enarmónicas usan la misma digitación.

170. Sombras oscuras

171. Encuentros cercanos

Las notas enarmónicas usan la misma digitación.

172. March slav

Peter Ilyich Tchaikovsky

173. Notas disfrazadas

Las notas enarmónicas usan la misma digitación.

Notas cromáticas

TEORÍA

Las **notas cromáticas** se alteran con sostenidos, bemoles y signos naturales que no están en la armadura. La distancia más pequeña entre dos notas es un semitono, y una escala formada por semitonos consecutivos se denomina **escala cromática**.

174. Paseando en medio-pasos

HISTORIA

El compositor francés **Camille Saint-Saëns** (1835-1921) escribió música para prácticamente todos los medios: óperas, suites, sinfonías y obras de cámara. La "Danza egipcia" es uno de los temas principales de *su famosa ópera* Sansón y Dalila. La ópera fue escrita el mismo año en que Thomas Edison inventó el fonógrafo, 1877.

175. Danza egipcia *Esté atento a los enarmónicos.*

Camille Saint-Saëns

Allegro ® *mf* ® ®

176. Barco de luna plata

Canción folclórica

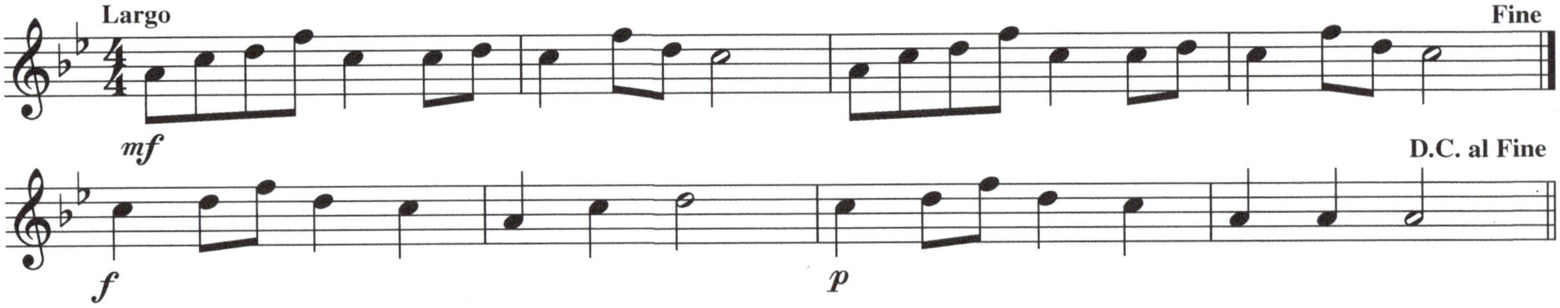

Largo *mf* Fine *f* *p* D.C. al Fine

HISTORIA

El compositor alemán **Ludwig van Beethoven** (1770-1827) es considerado uno de los más grandes compositores del mundo, a pesar de quedar completamente sordo en 1802. Aunque no podía escuchar su música de la manera en que nosotros podemos, podía "escucharla" en su mente. Como testimonio de su grandeza, su Sinfonía n.º 9 (p. 13) se interpretó como final de la ceremonia que celebró la reunificación de Alemania en 1990. Este es *el tema de* su Sinfonía n.º 7, segundo movimiento.

177. Tema de la Sinfonía n.° 7 – dúo

Ludwig van Beethoven

Allegro (moderatamente rápido)

A *p*

B *p* Alt. Mi♭ Alt. Mi♭

A 9 *mf*

B *mf*

A 1. 2.

B Alt. Mi♭ Alt. Mi♭ Alt. Mi♭

El compositor ruso **Peter Ilyich Tchaikovsky** (1840-1893) escribió seis sinfonías y cientos de otras obras, entre ellas el ballet *El Cascanueces*. Fue un maestro en la composición de brillantes arreglos de música folclórica, y sus melodías originales se encuentran entre las más populares de todos los tiempos. *Su Obertura de 1812* y *Capriccio Italien* fueron escritas en 1880, un año después de que Thomas Edison desarrollara la bombilla eléctrica.

HISTORIA

Canciones adicionales están disponibles en línea. Consulte la portada interior para obtener más detalles.

RENDIMIENTO DESCATADO

182. America la bella – arreglo de banda

Samuel A. Ward
Arr. por John Higgins

Maestoso 2 *f* 7 Andante 3 *p* 15 *f* *mf* *f* 25 Maestoso 2 *f*

183. La cucaracha – arreglo de banda

Canción folclórica latinoamericana
Arr. por John Higgins

Latin rock *f* 5 *mf* 13 *p* 25 *f* 1. 2.

RENDIMIENTO DESCATADO

184. Tema de la Obertura de 1812 – arreglo de banda

Peter Ilyich Tchaikovsky
Arr. por John Higgins

RENDIMIENTO DESTACADO

Solo con acompañamiento de Piano

Actuar para el público es una parte emocionante de participar en la música. Este solo está basado en la Serenata solo con piano en Sol Mayor, K. 525, también conocida como "Eine Kleine Nachtmusik" ("Un poco de música nocturna"). **Wolfgang Amadeus Mozart** escribió esta pieza en 1787, el mismo año en que se promulgó la constitución estadounidense. Usted y un pianista acompañante pueden tocar esto para la banda o en otros eventos escolares y comunitarios.

185. Eine kleine nachtmusik – arreglo de banda *(version de Si-bemol)*

Wolfgang Amadeus Mozart
Arr. por John Higgins

DÚOS

Esta es una oportunidad para reunirse con un amigo y disfrutar tocando música. El otro estudiante no tiene que tocar el mismo instrumento que tú. Intenta que coincidan exactamente con respeto al ritmo, las notas y la calidad del tono. Eventualmente, puede comenzar a sonar como si las dos partes están siendo interpretadas por una sola persona! Más tarde, intente intercambiar las partes.

186. Baja suave, dulce carroza – Dúo

Canción espiritual Afroamericano

ESTUDIOS DE ESCALA Y ARPEGIOS DE RUBANK

Clave de Si bemol *En esta armadura, tocar todos Si♭ y Mi♭*

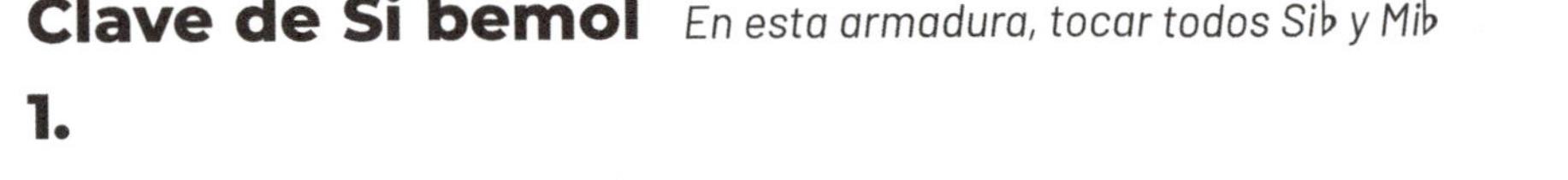

1.

2.

3.

4.

Clave de Mi bemol *En esta armadura, tocar todos Si♭, Mi♭ y La♭*

1.

2.

3.

4.

ESTUDIOS DE ESCALA Y ARPEGIOS DE RUBANK

ESTUDIOS DE RITMO

ESTUDIOS DE RITMO

CREANDO MÚSICA

TEORÍA

Composición

Composición es el arte de crear música original. Usualmente empieza creando una melodía que consiste de varias **frases**, como breves oraciones musicales. Algunas melodías tienen frases que parecen responderle a las frases que parecen presentar una pregunta, como en las obra de Beethoven *"Ode To Joy"*. Toca esta melodía y escucha como las frases 2 y 4 dan respuestas un poco variadas a la misma pregunta (frase 1 y 3).

1. Oda a la alegría

Ludwig van Beethoven

2. P. y R. *Escribe tu propia frase de "respuesta" en esta melodía*

3. Desarolladores de frases *Escribe 4 frases diferentes usando los ritmos debajo de cada pentagrama.*

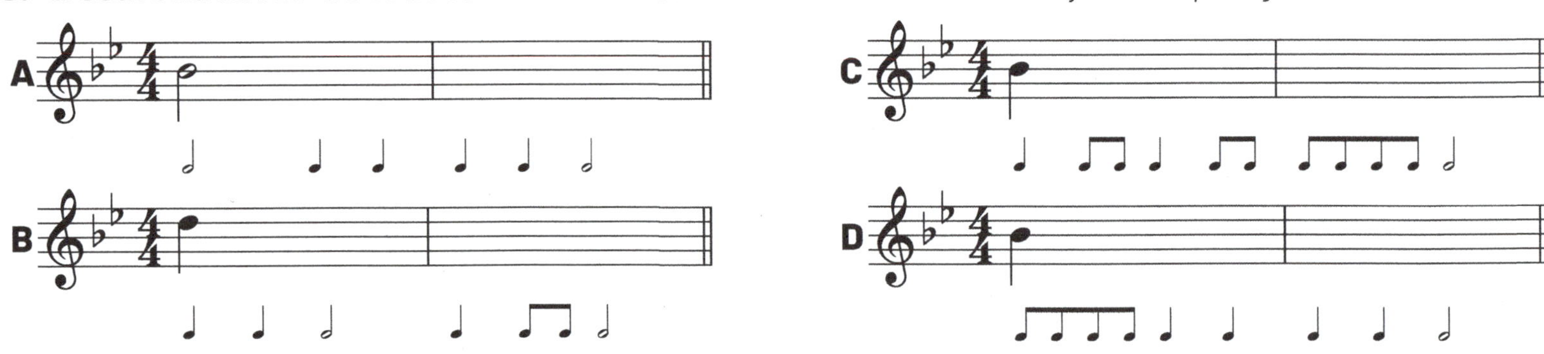

4. Créa su proprio título: ____________________

Escoge la frase A, B, C o D de arriba y escríbela como la "Pregunta" para las frases 1 y 3 debajo.
Luego escribe 2 respuestas diferentes para las frases 2 y 4.

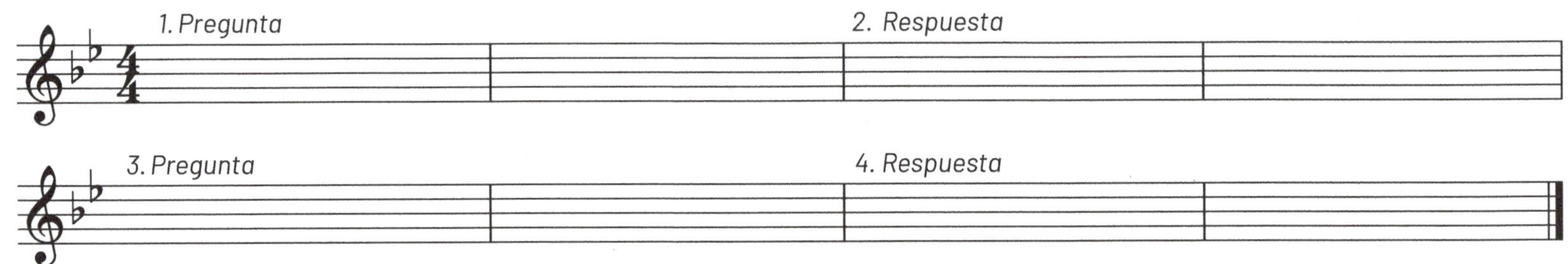

Improvisación

La improvisación es el arte de crear libremente tu propia melodía mientras tocas. Usa estas notas para tocar tu propia melodía (Línea A), para tocar con el acompañamiento (Línea B).

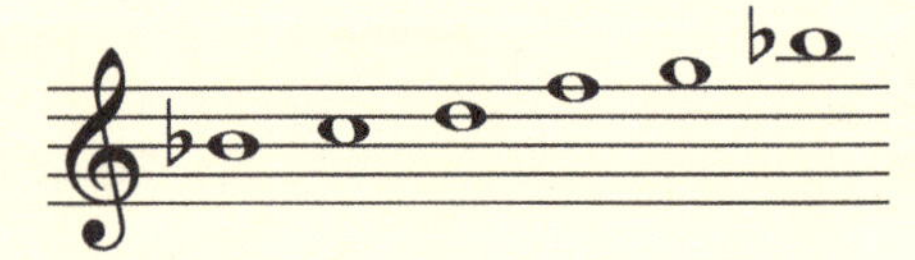

5. Melodía instante

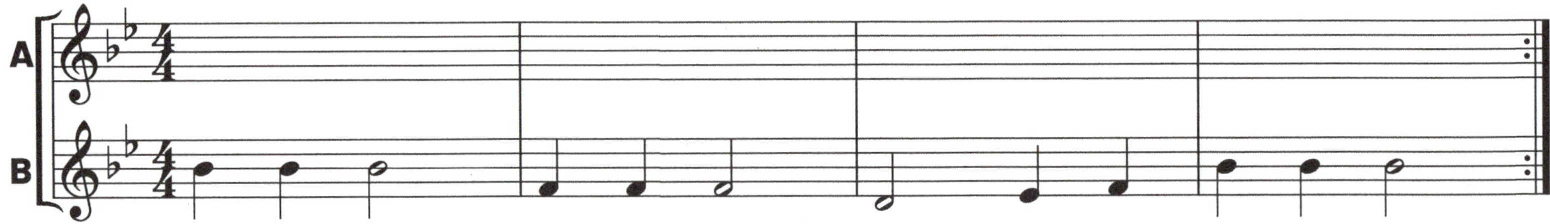

Puedes marcar tu progreso a través del libro en esta página.
Rellena las estrellas según las instrucciones del director de la banda.

1. Página, 2-3 Los básicos
2. Página 5, EE prueba, n.º 13
3. Página 6, EE prueba, n.º 19
4. Página 7, EE prueba, n.º 26
5. Página 8, EE prueba, n.º 32
6. Página 10, EE prueba, n.º 45
7. Página 12-13, rendimiento destacado
8. Página 14, EE prueba, n.º 65
9. Página 15, creatividad esencial, n.º 72
10. Página 17, EE prueba, n.º 84
11. Página 17, creatividad esencial, n.º 85
12. Página 19, EE prueba, n.º 98
13. Página 20, creatividad esencial, n.º 104
14. Página 21, n.º 109
15. Página 22, EE prueba, n.º 117
16. Página 23, rendimiento destacado
17. Página 24, EE prueba, n.º 125
18. Página 26, creatividad esencial
19, Página 28, n.º 149
20. Página 28, EE prueba, n.º 151
21. Página 29, rendimiento destacado
22. Página 31, EE prueba, n.º 164
23. Página 32, EE prueba, n.º 168
24. Página 33, n.º 174
25. Página 35, EE prueba, n.º 181
26. Página 36, rendimiento destacado
27. Página 37, rendimiento destacado
28. Página 38, rendimiento destacado

Música – un elemento esencial de la vida

TABLA DE DIGITACIONES OBOE

Recordatorios de cuidado del instrumento

Antes de volver a colocar su instrumento en su estuche Después de jugar, haz lo siguiente:

- Retire con cuidado la caña y sople aire a través de él. Volver a la caja de cañas.
- Gire suavemente la parte superior e inferior Secciones. Deje caer un hisopo pesado a través del sección inferior y sácala de la campana. Devolución la sección inferior y la campana a la caja.
- Limpie la sección superior o límpiela con una pluma de oboe y devolverla al estuche.

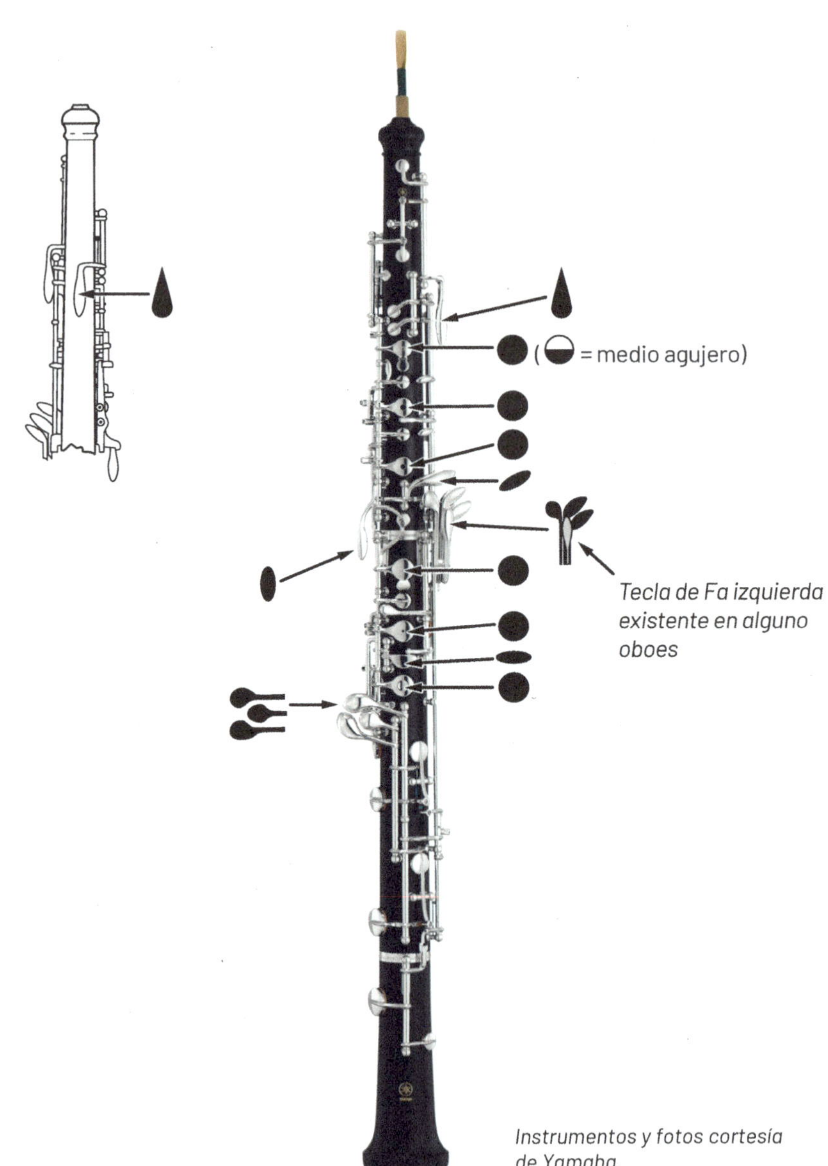

Instrumentos y fotos cortesía de Yamaha.

○ = Abierto
● = presionado hacia abajo
◒ = medio agujero cubierto
◯ = opcional

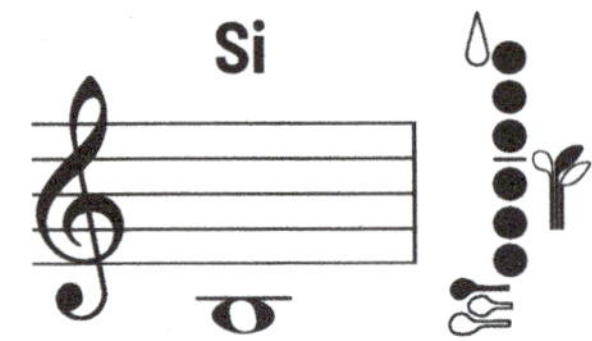

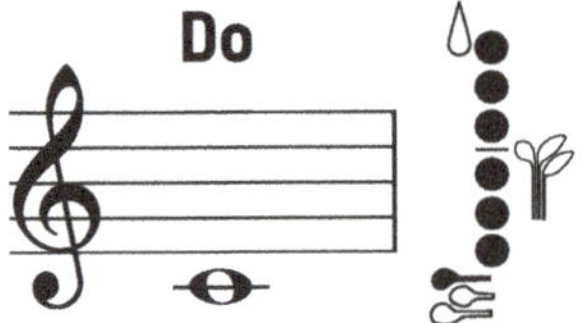

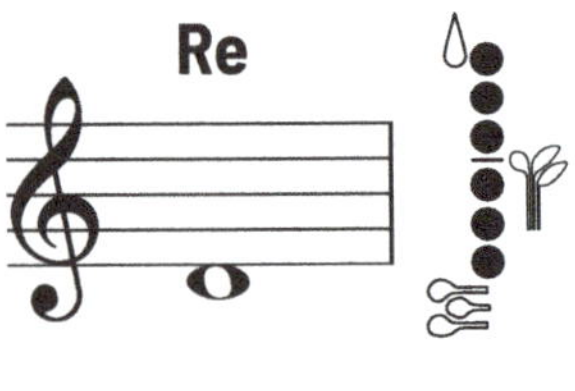

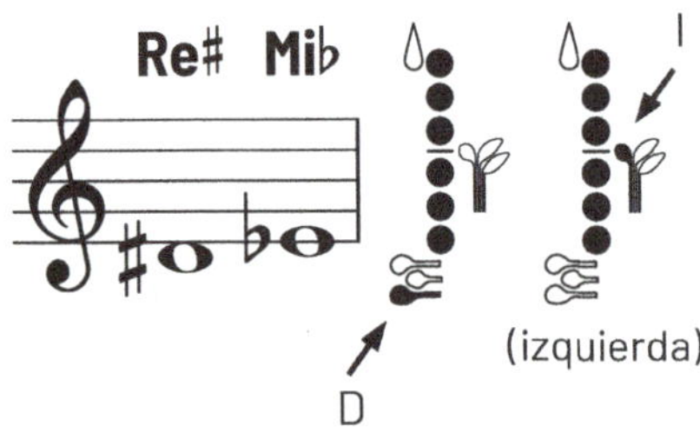

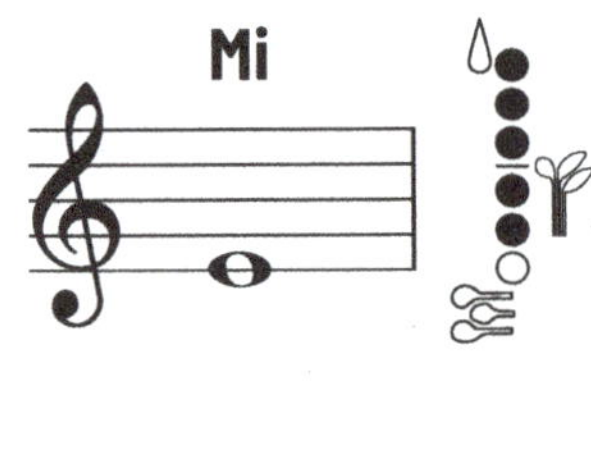

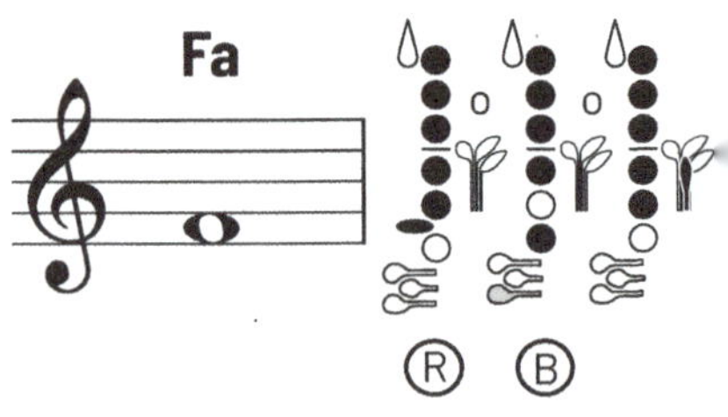

La tonalidad de Mi♭ eleva la altura en el Fa en horquilla. Úsalo solo si es necesario.

TABLA DE DIGITACIONES OBOE

Si tocas el oboe con una "Tecla de Fa izquierda," puedes preferir usar el Fa izquierdo en lugar de la digitación en horquilla.

Índice de referencia

Definiciones (páginas)

Compositores

Música del mundo